KB195116

슈퍼 강소기업

슈퍼 강소 기업

작지만 살아남은
강한 기업의
성장 비법

김승호·김형수·이정선 지음

hunet

책을 공동 집필한 세 기자는 오랜 기간 중소기업을 취재하며 현장의 목소리를 직접 들어왔다. 이들이 발로 뛰며 써 내려간 글에는 냉철한 기자의 시각뿐만 아니라 우리 중소기업의 도약을 바라는 따뜻한 마음도 엿볼 수 있다. 이 책은 새로 출발하는 스타트업 창업자부터 폭넓은 시야를 갖추려는 CEO까지 필독할 만하다.

— 김기문(중소기업중앙회장)

행복경영은 지속 가능한 경영을 위한 최고의 해법이다. 행복한 구성원들과 함께 탁월한 공동체를 만들어가는 CEO들의 사례와 조언은 그 확신을 더해줄 것이다.

— 김용진(착한경영연구소장)

한 나라의 기업 생태계가 건강하려면 다양성이 필수 조건이다. 업종도 다양해야 하고 규모도 다양해야 한다. 대기업만으로는 국가 경쟁력을 확보할 수 없고, 중소기업만으로도 한계가 있다. 대·중소기업이 상생해야 한다. 이 생태계에서 가장 중요한 역할을 하는 기업이 슈퍼 강소기업이다. 슈퍼 강소기업은 경쟁력과 협업력을 함께 가지고 있다. 때로는 경쟁하고 때로는 협업하면서 자신도 성장하고 기업 생태계도 건강하게 만든다. 이 책은 필자들이 현장을 찾아가서 확인하고 취재하면서 캐어낸, 보석 같은 슈퍼 강소기업의 사례다. 경영학 교과서에서는 볼 수 없는 경영의 지혜가 담긴 소중한 책이다. 이 책이 우리나라 기업 생태계를 건강하게 만드는 활력소가 될 것을 확신한다.

— 윤은기(한국협업진흥협회 회장, 24대 중앙공무원교육원장)

빛의 속도로 변화하는 세상에서 21년이란 시간을 굳건히 버텨낸다는 것이 쉬운 일일까? 강산이 두 번 변하는 동안 기업의 패러다임을 뒤바꾸는 거대한 변화가 두세 번은 있었을 것이다. 이 책은 그 치열했던 극복의 현장 20여 곳으로 여러분을 초대한다.

— 윤종록(KAIST 초빙 교수, 전 미래창조과학부 차관)

저명한 역사학자 아놀드 토인비는 역사를 '도전'과 '응전'이라고 정의했다. 창업 이래 20년 이상 수많은 도전을 성공적으로 극복한 슈퍼 강소기업 20개 기업 스토리가 행복경영대학을 운영하는 (사)행복한성공에서 책으로 출간되었다. 세 명의 베테랑 기자의 눈으로 이들 기업의 지속 가능한 경영 철학과 리더십, 그리고 추구하는 혁신 가치가 명료하게 기술되어 있다.
다가오는 불황의 파고를 이기려면 지혜가 필요하다. 많은 중소기업 CEO들이 이 책에서 영감과 통찰력, 그리고 용기를 얻기를 기대하며 일독을 권한다.

— 이금룡(도전과나눔 이사장, 전 옥션 대표)

이 책은 대내외적으로 어려운 여건 속에서도 꿋꿋이 살아남아 성장하는 슈퍼 강소기업들의 이야기를 담고 있다. 가치와 철학이 없는 기업은 위기를 극복하며 지속적인 성장을 이루기 어렵다. 이 책에 담긴 생생한 성공 노하우를 통해, 당신의 기업도 흔들림 없는 성장의 길을 걸을 수 있을 것이라 확신한다.

— 이윤환(인덕의료재단 이사장)

경영 환경의 불확실성이 날이 갈수록 커지고 있다. 이럴 때일수록 기본에 충실한 기업의 진가가 드러난다고 생각한다. 이 책의 주인공인 경영자들, '남을 이롭게 함으로써 내가 이롭게 된다'는 자리이타(自利利他) 경영이념을 실천하는 타의 모범이 되는 경영자, 이익 극대화가 아닌 이해관계자의 행복을 목적으로 하는 기업가, 직원의 행복을 최우선하는 행복한 경영자들이야말로 위기를 기회로 살리는 멋진 스토리의 주인공이 될 것이다.

— 조영탁(휴넷 대표)

수십 년간 불황을 극복하며 성장해 온 슈퍼 강소기업들의 성공 비법을 베테랑 기자들의 날카로운 시각으로 분석한 명저가 나왔다. 대전환 시대를 관통하는 행복경영, 지속 가능한 경영의 정수를 보여주는 중소기업 실전 경영 필독서로 적극 추천한다.

— 주영섭(서울대 특임교수, 14대 중소기업청장)

불황 속에서도 지속 가능한 성장을 이룬 강소기업들의 생존 전략과 행복경영의 비결을 담은 보석 같은 책이다. 기업인이라면 반드시 읽어야 할 필독서다.

— 홍의숙(인코칭 회장)

여기에 진정한 동반 성장의 길이 있다

'주인의식을 갖고 일하라'는 말이 있습니다. 하지만 대부분은 그렇지 못합니다. 오히려 주인을 의식하면서 일을 하는 경우가 많기 때문입니다.

저는 세상에 나쁜 사람보다 착한 사람이 훨씬 많다고 믿습니다. 그래서 이 세상이 살 만한 곳이라고 생각합니다. 10년 넘게 중소기업 현장을 취재하면서 만난 사장님들 중에서도 착한 사람이 압도적으로 많았습니다. 한때 한 개그 프로그램에서 세상을 풍자하며 되뇌었던 "싸장님 나빠요"라는 말이 유행하기도 했었습니다. 극소수의 나쁜 사장님도 있지만 대다수는 선하고 좋은 사장님들이라고 전 감히 말하고 싶습니다.

《슈퍼 강소기업》을 펴내기 위해 만난 사장님들도 그랬습니다.

이분들은 직원들의 미래와 인재 육성, 동기부여를 위해 배움을 독려하고, 스스로도 학습을 게을리하지 않았습니다. 구성원들의 말하나하나에 귀 기울이며 소통으로 문제를 해결하고 함께 나아갈 방향을 찾으려 애썼습니다. 연구 개발과 투자를 통해 삶의 터전인 회사가 지속 가능한 성장을 이룰 수 있도록 끊임없이 노력했습니다. 월급을 많이 주지 못해, 복지가 너무 적은 것 같아 늘 마음 쓰며 안타까워했습니다. 직원들이 따라오지 못할 때면 사장인 자신을 탓하거나, 구성원들의 일을 자기 일처럼 생각하고 공감해 주었습니다. 월급날 줄 월급이 밀리지 않기 위해 발바닥에 땀이 나도록 뛰어다녔습니다. 그래서 저는 이 땅의 모든 사장님들께 진심으로 박수를 보내드리고 싶습니다.

"사장이 행복해야 직원이 행복할까, 직원이 행복해야 사장이 행복할까?" 이 질문에 대한 답은 독자들께 맡기겠습니다.

김승호, 〈메트로신문〉 기자

여기에 지속 가능한 성공 방정식이 있다

생로병사(生老病死). 자연의 이치입니다.

사람은 태어나 흙으로 돌아갑니다. 기업도 흥망성쇠(興亡盛衰)의 길을 걷습니다. 20여 년간 중소기업 현장을 누비며 무수히 보아왔습니다.

사람이나 기업이 절실히 원하는 공통점이 있습니다. '장수'(長壽)입니다. 요즘 사람은 120세를 꿈꿉니다. 창업 기업 대부분은 100년 기업을 희망합니다. 원한다고 이뤄지는 건 아닙니다. 엄청난 땀방울을 흘리고 나서야 얻을 수 있습니다. 인간 수명이 늘어나는 건 의료 과학의 발전 덕입니다. 지금도 수많은 과학자들이 '불로장생'을 연구합니다.

기업도 마찬가지입니다. 미국 종합경제지 〈포춘(Fortune)〉은 500

대 기업의 평균수명이 30년이라고 합니다. 100대 기업의 5년 내에 생존할 확률 50%, 10년은 16%로 보고 있습니다. 우리나라는 창업 후 5년차 기업의 생존율이 27.5%에 그칩니다. 급격한 산업 변화와 생사를 가르는 전쟁터(시장)에서 살아남기 위해 혼신을 다해야 한다는 의미입니다.

지금 중소기업은 '죽음의 계곡' 안에 들어와 있습니다. 소상공인 포함해 100만 폐업 시대입니다. 외환위기 때보다 더 심한 상황입니다. 하지만 저는 확신합니다. 위기를 자양분 삼아 더 높이 날아 갈 것을. 지금까지 보여준 중소기업의 도전 역사가 이를 증명합니다.

이 책에 수록된 20명의 창업가 발자취에도 중소기업이 지속 가능할 성공 방정식이 숨겨져 있습니다. 위기 앞에서도 도전하는 용기, 포기할 줄 모르는 끈기, 근로자를 파트너로 대접하는 상생 정신이 그것입니다. 20명 창업가들이 묵묵히 걷고 있는 길이 많은 중소기업들에게 긍정에너지로 승화되길 기대합니다. 국내외 곳곳에서 분투하는 중소기업인들에게 경의와 존경을 표합니다.

김형수, 〈내일신문〉 기자

들풀처럼 생명력 강한 중소기업

'범꼬리'는 햇빛이 잘 드는 풀숲에서 자라는 여러해살이풀입니다. 말 그대로 호랑이의 꼬리처럼 생겼지요. 우리나라 산골짜기에서 흔히 볼 수 있습니다. 자주색 줄무늬의 앙증맞은 꽃을 피우는 '산자고'도 호남이나 제주도 등에 자생하는 들풀입니다. 뿌리줄기는 몸을 튼튼하게 하는 약재로 쓰입니다.

모든 들풀은 이처럼 이름이 있어도 그저 들풀로 불립니다. 그러나 생태계에서 나름대로 중요한 역할을 차지합니다. 세상에 쓸모없는 들풀은 없습니다. 거대한 지리산의 밑동은 수많은 들풀로 촘촘히 채워져 있습니다.

고유한 이름이 있지만 사실상 무명(無名)의 중소기업이 그렇습니다. 이들의 저력은 어마어마합니다. 772만 개쯤 되는 우리나라

총사업체 수의 99%인 771만 개가 중소기업입니다. 총근로자(2286만 명)의 약 81%인 1849만 명이 중소기업에 다니고 있습니다. 그야말로 중소기업은 한국 경제의 뿌리입니다.

화려하지 않아 무심코 지나치기 쉬운 들풀을 자세히 보려면 허리를 숙이고 굽어봐야 합니다. 중소기업을 취재하는 일은 이와 비슷합니다. 막상 들여다보면 장미처럼 상투적이지 않은 날것의 생명력과 은은한 향기에 놀랄 때가 적지 않습니다. 이들의 퍼즐을 하나하나 맞추다 보면 그동안 기적을 일궈온 한국 경제의 큰 산이 비로소 눈에 들어옵니다.

에너지엔의 정종구 대표는 GE 재직 시절 50여 중소기업이 협력업체로 등록할 수 있도록 다리를 놓아 한국 발전 설비 업계의 성장을 이끌었습니다. 개인적인 영달을 뛰어넘은 이타심이 깔려 있어야 가능한 일입니다. 에프티씨코리아 마영훈 대표는 세계 굴지의 기업에서 독점하고 있는 화장품 원료 제조 기술을 국산화해 기술 강국의 자존심을 세우고 있습니다. 들풀 특유의 잡초 같은 근성이 이들의 경쟁력입니다. 거래처를 뚫기 위해 무작정 대기업을 찾아다니며 문전박대의 수모를 마다하지 않았던 신일피엔에스의 문도 대표는 끊임없는 기술과 설비 투자를 통해 휘청이던 회사를 산업용 포장백(bag) 분야 1위 기업으로 키워냈습니다.

한국 경제가 또다시 위기를 맞은 듯합니다. 위기는 기회의 다

슈퍼 강소기업

른 표현이기도 합니다. 들풀의 야성(野性)이 필요한 때입니다. 작은
거인들이 묵묵히 내뿜는 혁신의 향기가 널리 퍼져 많은 기업에 다
시금 생명력을 불어넣기를 소망합니다.

이정선, 〈한국경제신문〉 기자

살아남아 강함을 증명한 CEO 20인의 성장 스토리

매년 100만 개가 넘는 기업이 생겨나고, 80만 개가 사라집니다. 3년을 버티는 기업이 절반, 5년을 넘기는 기업은 30%에도 못 미치는 것이 현실입니다. 10년 전, 우리는 이 냉혹한 현장에서 중소기업의 생존을 돕기 위한 해법을 찾고자 했습니다.

우리는 1,000개에 달하는 강소기업을 발굴하고, 그 기업의 CEO들과 소통하며 놀라운 사실을 발견했습니다. "직원들이 정말 행복한가?"라는 단순한 질문으로 시작한 D사의 이야기가 상징적입니다. 구내식당 한 끼 개선에서 시작해 직원 주주제도 도입까지, 5년간의 혁신으로 매출은 3배 상승했고 직원 만족도는 업계 최고 수준에 도달했습니다. 이들은 '구성원의 행복'이란 확고한 신념으로 시장을 정복했습니다. "행복한 직원이 행복한 고객을 만든다"는 단순하지만 강력한 진리를 재발견한 것입니다.

이 책은 단순한 성공 가이드가 아닙니다. 새로운 기업 생태계를 향한 우리의 제안이자, 도전하는 모든 기업인을 위한 희망의 기록입니다. 이 책에 담긴 생생한 현장 스토리가 지속 가능한 성장을 꿈꾸는 모든 이에게 용기가 되길 바랍니다.

이 책은 많은 이들의 열정으로 완성되었습니다. 매일 현장에서 분투하며 회사와 직원들을 책임져 온 이 책의 주인공 20인은 물론, 전국 현장을 누빈 김승호, 김형수, 이정선 베테랑 기자들과 행복한 경영대학을 이끌어온 이의근 이사장님, 김형관 이사님의 헌신이 있었습니다. 생생한 현장의 이야기를 한 권으로 엮어낸 출판팀의 노고도 빼놓을 수 없습니다.

마지막으로 평온과 안온을 택하기보다 도전과 실패를 숙명처럼 끌어안은 이 땅의 CEO들에게 진심 어린 응원을 보냅니다. 그들이 있기에 우리는 대한민국 중소기업의 새로운 미래를 꿈꿀 수 있습니다.

이나경, (사)행복한성공 책임연구원

차례

1

대원씨티에스

단순한 유통을 넘어 상생의 비즈니스로

대원씨티에스는 1988년 창립 이래 IT 제품 유통과 솔루션 제공을 통해 국내 IT 인프라 발전을 이끌어왔다. 2023년 기준 매출 6500억 원을 달성한 당사는 이제 AI와 클라우드 분야로 사업 영역을 확장하며 디지털 전환 시대의 새로운 장을 열어가고 있다. 정명천 회장은 파트너와의 신뢰를 최우선으로 하는 '이해관계자 자본주의'를 실천하며, 자체 B2B 플랫폼 '컴퓨터코리아'를 통해 파트너사와의 긴밀한 소통과 거래를 지원하고 있다. 직원 교육에 대한 과감한 투자와 분기별 이익의 25% 성과급 지급 등 직원 복지도 중시한다. 최근에는 B2B를 넘어 고객을 위한 B4B로 사업 모델을 혁신하며, AI 비즈니스를 새로운 성장 동력으로 삼아 IT 인프라 구축부터 컨설팅까지 토털 서비스를 제공하는 미래 기업으로 도약하고 있다.

■■ 세 가지 핵심 가치

대원씨티에스에는 세 가지 핵심 가치가 있다. 문제를 반드시 해결하자는 '책임', 과감하게 시도하자는 '도전', 그리고 함께 성장하자는 '상생'이 그것이다. 정명천 회장은 "비즈니스를 할 때도 핵심 가치에 준해서 실행하면 성공 가능성이 높고, 혹시 실패하더라도 위축되지 않는 문화"를 강조한다. 또 "현재에 안주하지 않고 성장을 위해 과감하게 도전하되, 그 과정에서 생기는 문제를 해결하는 역량을 키워 목표 달성의 경험을 축적한다면 반드시 성장하는 조직이 될 것"이라고 확신한다. 특히 '상생'과 '협업'은 대원씨티에스가 지속 가능한 회사로 발전하기 위한 필수 가치이자 지향점이다.

"우리는 디스트리뷰터(distributor·유통업자)입니다. 파트너와의 상생과 협업이 중요할 수밖에 없죠. 파트너도 역량의 한계를 넘어서기 위해서는 우리의 도움이 필요합니다. 시너지를 극대화할 수 있는 것이 바로 '협업'이에요."

신뢰 역시 정 회장이 중요하게 생각하는 가치다. 사업을 시작하고 업계에서 생존하기 위해서 신뢰는 절대적으로 필요했다. IT 관련 수요가 넘쳐 물건이 늘 부족하던 90년대와 2000년대 초반엔 약속을 어기는 것이 다반사였다. 좋은 물건만 있으면 사려는 사람들이 줄을 섰기 때문이다. 대원씨티에스와 같은 유통회사들이 가격 협상권도 쥐고 있었다. 쌀 때 제품을 사서 비쌀 때 팔면 돈도 많이 벌 수 있었다. 그러나 정 회장은 거래처와 약속을 지키기 위해 부단히 노력했다.

"재고를 많이 갖고 있으면 나중에 돈을 더 받을 수 있었지만 그렇게 하면 안 된다고 생각했어요. 파트너가 우리를 믿지 못하면 안 된다고 판단했습니다. 결국 파트너들이 우리 제품을 사줘야 먹고살 수 있습니다. 파트너들이 성공해야 결과적으로 우리도 잘되죠. 다행히 대원과 거래하면 약속을 꼭 지키더라는 소문이 나면서, 파트너들의 신뢰가 쌓이기 시작했습니다. 약속은 그래서 중요해요."

그래서 정 회장은 '주주자본주의(Shareholder Capitalism)'가 아닌 직원, 파트너사, 소비자가 모두 함께 '윈-윈'할 수 있는 '이해관계자 자본주의(Stakeholder Capitalism)'를 지지하고 있다.

"우리 사업과 연관돼 있는 모든 사람이 잘돼야 한다는 것이 제 생각이고 우리가 지향하는 바입니다."

■ 가치, 그리고 교육

정 회장이 임직원들에게 가장 강조하는 것 중 하나가 '가치'다. 대원씨티에스는 임직원들의 가치를 올리기 위해서 각종 교육도 진행한다. 온라인과 오프라인에서 임직원들이 원하는 교육이 있으면 100% 비용을 지원한다. 직무 관련 교육뿐 아니라 자격증, 언어 관련된 교육비도 전액 지원한다.

"100세 시대를 살아가는 데 있어 가장 중요한 것이 역량인데, 이 역량이 곧 우리의 가치입니다. 100세 시대에는 최소한 70세까진 일을 해야 할 거예요. 그런데 가치가 없으면 누가 쓰질 않겠죠."

회사에 교육팀을 별도로 두고 다양한 콘텐츠나 외부 강사를 발굴해 체계적인 교육을 제공하는 것은 물론이다.

"외부 초청 강사 중에는 자동차 세일즈 왕이나 보험사 판매 왕도 있었어요. 직원 입장에서는 이 사람들의 강의를 왜 들어야 하는지

의아하게 생각할 수도 있겠죠. 하지만 판매 아이템은 늘 변해요. 기술도 갈수록 발전하고, 유통의 형태도 바뀌죠. 당연히 영업 방식도 바뀌어야 해요. 우리가 IT 유통업을 하고 있지만 과거처럼 고객에게 물건만 팔고 돈을 받을 수는 없는 일이잖아요. 그래서 외부 자극이 필요해요."

■■ 대원의 경쟁자는 '어제의 대원'

대원씨티에스의 미션은 '인류에게 유용한 제품에 가치를 재창출해 기업과 사람의 성공을 돕는다'다. IT 분야의 모든 제품을 유통하며 40년 가깝게 잔뼈가 굵은 대원은 최근 인공지능(AI) 분야에서 새로운 도전을 시작하고 있다. 회사에는 현재 CPU, 메인보드, VGA(Video Graphics Array) 등을 판매하는 컴포넌트 비즈니스·PC, 소프트웨어, 모니터, 드론 등을 취급하는 컨슈머 비즈니스·AI, 클라우드, 빅데이터, 데이터센터 등의 IT 인프라 및 서비스를 제공하는 엔터프라이즈 비즈니스·B2B 전문 도매 플랫폼 '컴퓨터코리아'를 중심으로 한 플랫폼 비즈니스·3자 물류(3PL) 등의 서비스를 제공하는 물류 비즈니스 부문으로 각각 구성돼 있다. 정 회장은 이에 대해 이렇게 강조한다.

"최근 수년간 AI 열풍이 IT 시장을 강타하고 있어요. 회사는 3년 전부터 AI 비즈니스를 준비하고 그 규모를 점점 확대하고 있죠. 기존의 유통회사를 넘어 AI가 급부상하고 있는 환경에서 시장의 리더로 탈바꿈하는 것이 우리의 목표입니다. 이런 의미에서 현재 대원의 경쟁자는 '어제의 대원'이에요."

AI와 관련해선 데이터센터 및 AI 사업에 필요한 서버, 스토리지, 네트워크, 클라이언트 등 각종 시스템 공급뿐만 아니라 데이터센터 인프라 구축을 돕는 컨설팅을 제공하고 있다. 이를 위해 데이터센터 구축, 운영, 유지 보수 등을 모두 제공할 수 있는 컨설팅 역량을 아우르고 있다. 또 계열사인 컴퓨터코리아에서는 자체적으로 개발한 AI 기반의 검색 및 상품 추천 서비스를 통해 고객이 원하는 상품을 빠르고 정확하게 선택할 수 있도록 돕고 있다.

"AI는 하드웨어 사업과 소프트웨어 사업을 병행해야 합니다. 기존 GPU[1]는 NPU[2]로 대체될 수밖에 없어요. 이 과정에서 파트너를

---

1   Central Processing Unit, 컴퓨터 시스템의 중앙처리장치. 컴퓨터에서 모든 명령어를 해석하고 실행하며 프로그램을 실행하고 데이터를 처리하는 핵심 역할을 한다.

2   Neural Processing Unit, 인공지능과 딥러닝 알고리즘의 실행을 가속화하기 위

선정하는 것도 매우 중요하죠. 우리는 현재 NPU 제조 스타트업 Deep-X의 중국 진출을 돕고 있어요. 아울러 AI 분야의 해외 브랜드 총판 사업도 수행하고 있죠."

AI 사업 확장을 위해선 정 회장과 대원씨티에스가 그동안 지향한 협업도 필수다.

"구글도 AI 관련 서비스를 자체적으로 다 소화할 수 없으니 파트너를 필요로 하고 있어요. 고객들은 하이브리드를 원합니다. 대기업 계열 SI[3] 회사들은 그룹 업무 처리하기에도 바빠요. 대원씨티에스는 스스로를 테스트 베드[4]로 삼아 AI 역량을 키워나가고 있습니다. 자체 개발 인력도 충분해요. 기업이 AI 트랜스포메이션을 하려면 누구에게 일을 맡기느냐가 관건이죠. 대원이 모든 것을 해결하고 도와줄 수 있어요. 모든 것을 컨설팅해 줄 수 있죠. AI 부문에서 모

해 설계된 특수 프로세서.

3   System Integration, AI 관련 시스템을 통합적으로 솔루션을 제공한다는 의미로, 특정 업종이나 규모에 한정되지 않고 모든 기업이 쉽게 사용할 수 있는 솔루션을 목표로 한다는 의미.

4   Test Bed, 신기술이나 제품, 소프트웨어, 장비 등을 실제 환경에서 실험적으로 사용하고 검증하는 시험 공간 또는 환경을 의미.

든 기업이 활용할 수 있는 SI를 우리는 지향합니다."

■■ B2B에서 B4B로

예전에는 제품을 팔기만 하면 끝이었다. 그래서 좋은 물건을 상대적으로 싸게 파는 것은 큰 경쟁력이었다. 이런 경쟁력은 대원씨티에스 성장의 원동력이 됐으며, 이런 명제는 지금도 유효하다.

대학에서 기계공학을 전공한 정 회장이 매형의 권유로 1988년 대원씨티에스의 전신인 대원컴퓨터를 창업하고 영업 전선에 뛰어들었던 때에도 이런 유형의 B2B 영업이 전부였다.

"당시에는 삼보컴퓨터를 판매했어요. 프린터도 좋은 제품이었죠. 좋은 아이템을 발굴하기만 하면 잘 팔렸습니다. 파트너의 뒤통수를 치지 않고 신뢰를 지키기 위해 노력하면 결과가 나쁘지 않았어요. 직원들도 찾아오는 고객들에게 제품을 잘 판매했죠. 하지만 시대가 바뀌니 한계가 오더라고요. 수요보다 공급이 넘쳐나는 시대가 됐으니까요. (기다리지 말고) 나가서 팔아야 하는데 쉽지 않았습니다. 이제 물건만 파는 시대는 갔어요. B2B에서 B4B로 바뀌고 있죠. 여기서 4는 'for'를 의미해요. 즉, 고객을 위한 진정한 파트너로서

"물건을 파는 시대는 지났습니다.
이제는 그 너머의 가치를 보아야 해요.
우리는 'B2B'에서 고객을 위한
비즈니스 'B4B'로 진화하고 있습니다.
단순한 제품 판매를 넘어,
제품이 창출하는 가치로
모든 이해관계자가 함께 성장하는
상생의 비즈니스 생태계를 만들어가는 것이
우리의 목표입니다."

고객의 성공에 기여하는 기업이 되어야 한다는 뜻입니다. 이젠 제품 판매뿐만 아니라 고객을 위한 기획, 제안, 컨설팅 등 모든 서비스를 제공해야 살아남을 수 있어요. 그래서 변화를 위한 교육도 반드시 필요합니다."

교육을 통해 시대의 변화를 빠르게 읽고 경영에 접목, 지속 가능한 성장의 발판을 다진 것은 정 회장이 몸소 경험한 것이기도 하다. 그가 자신을 포함한 회사 구성원에 대한 교육을 강조하고 매년 적지 않은 비용을 투자하는 것도 이 때문이다.

"창업하고 사업이 잘되다가 2000년대 중반으로 넘어오니 과잉 공급 시대를 맞았습니다. 그런데 직원들은 공급이 부족했을 때 일하던 방식에 그대로 머물러 있었어요. 제조사 역시 공급이 주도하던 시대의 시스템을 고수하고 있었죠. 해결책을 찾고 돌파구를 마련해야 하는데 내가 아는 것이 없었습니다. 그때 경영 관련 외부 교육 기관에 등록해 3년 동안 배웠어요. 회사 임원, 팀장도 매주 금요일 1회씩 1년간 교육을 받도록 했죠. 그랬더니 점점 눈이 떠지더라고요. 사업을 할 때는 경험도 중요하지만 교육도 필요하다는 것을 그때 알았습니다. 교육을 통해 실패도 줄일 수 있었어요. 필요하고 절실하니 강의실 앞자리에서 강사의 말을 경청하게 되더라고요."

정 회장은 최고경영자에겐 '인풋(input)'이 중요하다고 생각한다. 그러면서 그가 꼽은 최고의 멘토는 다름 아닌 '책'이다.

■ 모든 것을 스스로

정 회장이 이끄는 대원씨티에스는 'Dynamic Value Creator'라는 미션으로 1988년 설립 후 36년간 하드웨어 유통에서 소프트웨어 및 솔루션 비즈니스, 그리고 최근의 AI까지 IT 분야에서 외길을 걸어왔다. 그 과정에서 외부의 도움 없이 모든 문제를 스스로 해결하며 성장해 왔다고 해도 과언이 아니다. 컴퓨터를 중심으로 IT 사업을 영위하면서 자체적으로 IT 분야에 투자도 적지 않게 했다. 인력을 보강한 것도 IT 사업에서 주도권을 쥐기 위한 전략이었다고 할 수 있다. 현재 개발 인력만 20명이 훌쩍 넘는다. 이렇게 투자하는 것에 대해서 정 회장은 말한다.

"대기업은 앞으로 뭘 할지 정하고, 앞으로 가면 그만입니다. 중소기업이나 중견기업은 그렇게 하기가 쉽지 않아요. 사람, 특히 팀장급 이상을 설득하는 것이 가장 힘들었습니다. 설득을 통해 가치관을 만들고 비전, 목표도 공유해야 했어요. ERP 시스템 고도화도 우

슈퍼 강소기업

리 스스로 했어요. 대원만의 ERP 시스템으로 일하는 방식도 고도
화할 필요가 있었기 때문이었죠. 우리도 안 하면서 IT 관련 제품이
나 서비스를 파는 것이 이상하다고 판단했어요. 그렇게 스스로 해
결해 왔습니다. 물류사업을 강화하기 위해 창고 관리 시스템[5]을 자
체적으로 개발해 적용한 것이 대표적인 사례라고 할 수 있어요."

대원씨티에스가 자체적으로 개발해 쓰고 있는 각종 솔루션과
시스템의 가장 큰 장점은 필요할 때마다 고쳐 쓸 수 있다는 점이
다. 이는 정 회장의 강력한 리더십이 있었기에 가능한 일이었다.

"뭐 하나 새로운 것을 도입하는 것이 쉽진 않았습니다. 시행착오
도 많았죠. 그럴 때마다 사람도, 투자도 최대한 강하게 밀어붙였
습니다. 그러자 가능해지더라고요."

대원씨티에스는 코로나-19 팬데믹 기간인 2021년 당시 매출이
7955억 원까지 급상승했다. 재택근무 등으로 IT 부문 수요가 크
게 증가했기 때문이었다. 2022년과 2023년에는 각각 7650억 원

---

5   Warehouse Management System, 창고나 물류센터에서 재고의 입고, 출고, 보
     관, 이동, 피킹, 패킹 등의 작업을 효율적으로 관리하는 소프트웨어.

'책임', '도전', '상생'이라는 핵심 가치를
경영 철학으로 삼아온 정명천 회장

과 6730억 원을 기록했다. 미리 IT 사업 부분을 준비해 코로나-19 팬데믹 기간에도 흑자 성장을 한 대원씨티에스의 미래는 이제 AI 에 달렸다.

"생태계 안에서 우리가 어떤 역할을 해야 합니다. 그러기 위해서는 가치(value)가 있어야 한다고 생각해요. 시대마다 바뀌는 가치는 모든 구성원이 같이 찾아야 하죠. 이런 문화를 갖춘 회사를 만들어나 갈 거예요. 과거를 답습하는 사람들이 생각보다 많더라고요. 변하지 않으면 도태되고 말아요. 직원들에게는 끊임없이 성장할 수 있는 기회를 주고 파트너에게는 상생을 통해 함께 성장할 수 있는 제 안을 끊임없이 해나갈 것입니다."

▪▪ 1년에 4회 지급하는 인센티브, 직원과 함께하는 기업

이해관계자 모두가 잘돼야 한다는 정 회장의 신념은 임직원들을 대할 때도 똑같다. 대원씨티에스의 성과급(인센티브) 제도가 대표적이다. 업계에서는 인센티브를 1년에 한 번씩 주는 것이 일반적이다. 하지만 대원은 임직원들의 동기부여를 위해 분기별로 준다. 1년에 4회다. 해당 분기 이익의 25%를 인센티브로 지급한다. 소외되는 부서가 없도록 약간의 차이를 두고 영업과 지원 부서에 골고루 돌아갈 수 있도록 하고 있다. 인센티브에 대해서 정 회장은 다음과 같이 설명한다.

"영업 부서가 영업을 많이 했다고 성과급을 상대적으로 많이 줄 수는 없는 일입니다. 기획, 인사, 재무, 법무도 영업이 잘될 수 있도록 서포트하기 때문이죠. 거래처로부터 돈을 제때 받지 못하면 법무팀에서 역할을 해야 해요. 인센티브 격차를 크게 두지 않는 것은 이런 이유에서입니다."

임직원들을 위해 적지 않은 비용을 들여 1년에 한 번씩 제공하는 건강검진은 의외의 성과(?)를 내고 있다. 암을 조기 발견한 사례가 몇 차례나 되기 때문이다. 일부 직원은 결혼을 앞두고 암이 발견되기도 해 빠르게 조치를 취할 수 있었다.

또 다른 직원은 내부 경진대회에서 받은 상금을 암 치료비에 보태 쓰라며 동료 직원에게 기부하기도 하는 등 훈훈한 미담도 사내에 생기고 있다. 모두 서로의 성장과 성공을 기원해 주는 대원씨티에스의 문화가 만들어낸 선순환의 결과다.

2

대일

수산기자재의 새 역사를 쓰다

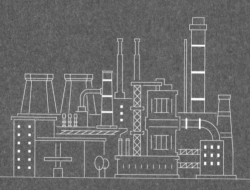

대일은 글로벌 냉각기·히트 펌프 전문기업이다. 어린 시절부터 발명가를 꿈꾸며 자수성가를 위해 제조업에 뛰어든 공경석 대표가 국내 최초로 해수냉각기를 개발하며 시장을 개척했다. 2008년 본사 이전 당시 재무 관리 문제로 인한 위기를 슬기롭게 극복한 그는 최근 세계 최초로 활어 수송 컨테이너를 개발해 성공적인 시험 운송을 마쳤다. 어업의 스마트·자동화를 통한 양식산업 활성화와 수산기자재산업 육성법 제정에도 힘쓰는 한편, 글로벌 기업으로의 도약을 위해 IPO를 준비하고 있다.

공경석 대표는 공부하는 경영자이자 발명가로 60대의 늦은 나이에 박사학위를 수여했다. 2024년 11월 8일 산업자원부와 환경부가 공동 주최한 2024년 녹색경영대회에서 대상으로 동탑산업훈장을 수여했다. 한국 수산기자재산업계 최초의 영광스러운 일이다.

■■ 활어 수송 컨테이너로 승부수

(주)대일은 글로벌 냉각기·히트 펌프 전문기업이다. 회사를 창업한 공경석 대표는 천상 엔지니어다. 그래서 기술에 있어서 늘 최초·최고를 지향한다. 국내 최초로 해수냉각기를 개발한 것도 그다. 1999년에는 업계 최초로 ISO 9002[1] 인증을 받았다. 현재 대일이 가진 특허만 80건이 넘는다. 2001년에는 기업부설 연구소까지 만들었다.

공경석 대표가 미래 먹거리로 삼고 있는 활어 수송 컨테이너 역시 기존에는 없던, 세계 최초 제품이다. 한국수산기자재업계 최초로 대통령표창을 받은 데 이어 동탑산업훈장까지 수훈했다. 지도에 없는 길을 뚜벅뚜벅 가고 있다.

"활어 수출은 기존에 항공기로만 가능했기 때문에 운송비가 비싸고 한 번에 옮길 수 있는 양도 제한적이었어요. 컨테이너로 활어를

---

1   국제표준화기구(ISO)에서 제정한 품질 관리 시스템 중 하나다. 이 표준은 기업의 품질 보증 체제를 평가하고 인증하는 데 사용된다.

수송하면 한꺼번에 많이, 그리고 더 저렴하게 옮길 수 있는 장점이 있습니다. 시장도 꽤 클 것으로 판단하고 개발에 집중했어요."

대일이 만든 세계 최초의 활어 수송 컨테이너는 2009년에 모습을 드러냈다. 이 제품을 개발하는 데 4년여의 시간과 7억 원 이상의 비용이 들었다. 제품은 내놨지만, 시장에서 인정받는 것이 관건이었다.

2009년 6월, 살아있는 광어 2*t*은 경남 거제에서 부산을 거쳐 대일이 개발한 활어 수송 컨테이너에 몸을 싣고 배로 미국 로스앤젤레스(LA)까지 16일 동안 항해했다.

"사람들은 활어가 100% 죽을 거라고 했죠. 하지만 LA에 도착해 열어보니 생존률이 86%에 달했어요. 수산 선진국인 일본에서도 실패한 태평양 횡단 활어 수송을 세계 최초로 성공한 것으로, 모든 수산업자들이 놀랐습니다(미소). 그러나 미국 측 파트너의 자금 투자 계획이 틀어지면서 결국 사업화는 무산됐습니다."

그렇다고 멈출 그가 아니다. 대일은 올해부터 한 대당 2억 원이 훌쩍 넘는 활어 수송 컨테이너 사업을 본격화하며 세계 시장의 문을 다시 두드리고 있다.

슈퍼 강소기업

부산 기장군 정관신도시의 대일 본사 앞에 설립한 '대일 K-스마트 아쿠아팜 연구센터'가 이를 위한 전진기지다. 10여 년 전 개발했던 제품을 일부에서 모방해 사업화를 하고 있었지만, 원천 기술을 보유하고 있어 기술력은 대일이 최고라고 자부한다. 이제 이 기술을 바탕으로 신사업을 다시 시작하려고 한다. 이미 전남의 한 지자체와 8대 납품 계약도 체결했다.

■■ K-스마트 아쿠아팜

농업 분야의 스마트팜은 정부와 지자체의 적극적인 지원 덕분에 상당히 활성화되어 있다. 그러나 육상·해상 양식장은 상대적으로 지원이 부족한 상황이다.

"대일은 그동안 냉각기, 히트 펌프를 수산업계에 판매하며 수산기자재 전문 회사로 성장했습니다. 35년간 양어장을 위한 다양한 기자재를 개발·납품하며 노하우도 축적했습니다. 수산업은 재래 방식의 힘든 노동환경과 영세한 구조로 쇠퇴하고 있어요. 그래서 '대일은 할 수 있다. 해야 한다'는 사명감으로 수산기자재 개발과 스마트 아쿠아팜 분야에 도전하고 있습니다."

"전통 수산업에 디지털 혁신을
접목하는 것은 마치 미지의 심해를
탐험하는 것처럼 도전적인 일입니다.
불가능해 보이지만,
우리는 실패를 두려워하지 않고
새길을 개척해 왔어요. 이제 그 도전이
수산기자재산업의 판도를
바꾸고 있습니다. 아쿠아팜 분야에도
'우리가 해야 한다'는 사명감으로
뛰어들었습니다."

공 대표는 해상 가두리[2]와 육상 양식장에 5세대 무선통신망과 드론, 빅데이터, IoT[3], 자동 사료 급여기 등을 결합한 스마트 양식 기술을 'K-스마트 아쿠아팜'이라 명명했다. 이 스마트 아쿠아팜에서는 수온 조절, 수질 측정·정화, 먹이 공급이 모두 자동으로 이루어진다.

스마트 양식은 진입 장벽이 높고 정책적인 지원도 거의 없다. 이대로 두면 양식업은 점점 영세해질 수밖에 없다. 어촌의 고령화는 심각하고, 어업은 날이 갈수록 어려워진다. 이를 해결할 방법은 스마트화와 자동화뿐이다. 침체한 어업 시장을 살리기 위해 10년째 그가 스마트 아쿠아팜에 매진해 온 이유이기도 하다.

현재 양식장 인력의 70%가 먹이 주는 일에 투입되고 있다. 하지만 저출생과 고령화로 인한 노동력 부족이 심각한 상황이며, 외국인 인력 수급도 여의치 않다. 양식장을 자동화하면 사료비를 30%가량 절감할 수 있을 뿐만 아니라 인건비도 크게 줄어든다. 대일이 갈 수밖에 없는 길이기도 하다.

공 대표는 현재 한국수산기자재협회 회장도 겸임하고 있다. 연

---

2   바다나 강에 그물로 된 가두리를 설치하여 그 안에서 어류를 양식하는 방법.

3   Internet of Things, 사물을 인터넷으로 연결하여 정보를 주고받는 기술 및 이러한 기술을 활용한 서비스.

관 산업과 관련 기업들을 활성화하는 것이 어업을 살리는 길이기도 하다. 특히 그는 '수산기자재산업 육성법' 제정을 위해 혼신의 힘을 쏟고 있다. 정치권과 주무부처인 해양수산부의 관심이 절대적으로 필요하다.

■■ 에디슨을 꿈꾸던 소년, 수산업의 혁신가가 되다

공 대표는 1955년생이다. 그는 어릴 때부터 에디슨을 꿈꾸며, 무엇이든 만드는 것을 좋아했다. 자연스럽게 발명가가 되고 싶었는데, 그 시절 책에 나오는 발명가는 에디슨뿐이었기 때문이다.

발명가의 꿈은 엔지니어로 이어졌다. 금성사(현재 LG전자)에서 에어컨과 냉장고 등 가전제품을 수리하는 일을 했다.

"29세 때 창업을 앞두고 유통업과 제조업 사이에서 1년간 고민했어요. 돈만 좇았다면 유통업을 택했을 겁니다. 돈보다는 세상에 이로운 제품을, 나만의 제품을 내놓고 싶었습니다. 하지만 '대일'의 이름을 붙이고 완제품을 만드는 것이 결코 쉬운 길은 아니더군요. 제조업 사장들이 '나라의 충신'이라고 하지만 점점 가중되는 규제로 제조기업들은 점점 어려워지고 있습니다."

슈퍼 강소기업

▪▪ 티타늄 해수냉각기의 탄생

1984년 자수성가를 꿈꾸며 '대일냉동설비'를 창업한 공 대표는 초기에는 수족관용 어항 등을 만들며 생계를 이어갔다. 그러다 예상치 못한 기회가 찾아왔다.

"회사를 시작하고 2년쯤 됐을 때였어요. 어느 날 한 횟집 사장님이 찾아와서 수족관에 있는 고기들이 자꾸 죽는다며 하소연했습니다. 당시만 해도 높은 수온 때문에 생선이 폐사하는 것은 자연스러운 일이었죠. 얼음을 수족관에 넣어 온도를 낮추는 것이 그나마 할 수 있는 일이었어요. 수온을 낮추는 냉각기 관련 기술이 국내에 전무했으니까요."

에어컨 수리 경험이 있던 공 대표는 여름철에도 수온을 적절하게 유지할 수 있는 장치를 연구하기 시작했다. 냉동 분야만큼은 자신이 있었기 때문이다. 국내 최초의 해수냉각기는 그렇게 탄생했다.

어렵게 만든 제품이 팔려 나가긴 했지만, 초기 모델이다 보니 고장이 나서 많이 물어내기도 했다. 특히 여름철에는 활어 폐사가 당연한 것으로 여겨져 시장 자체가 형성되기 어려웠다. 그래서 목

글로벌 수산기자재 기업을 이끌며
바다를 혁신하는 공경석 대표

돈을 주고 제품을 사는 것이 부담스러운 고객들에게는 할부로 판매하기도 했다.

하지만 더 큰 문제가 있었다. 냉각기의 핵심 부품인 열교환기를 스테인리스로 만들다 보니 부식이 쉽게 발생했다. 공 대표는 부식 문제를 해결하기 위해 새로운 소재를 찾던 중, 일본 제품에서 티타늄을 발견했다. 이 티타늄을 해수냉각기에 적용하면서 대일의 제품이 점차 주목받기 시작했고, 자연스럽게 시장이 열렸다.

제품을 제대로 완성하고 나니 7~8년 동안 수요가 꾸준히 늘었다. 일본 등 외국 제품이 장악하던 해수냉각기는 대일이 만든 'Made in Korea' 제품으로 점점 대체되기 시작했다. 1990년대 중반부터는 최초로 일본을 비롯해 미국 등 해외 수출도 시작했다.

그렇게 시작한 해수냉각기는 국내에서만 30만 대 이상 팔렸다. 심지어 일본에서도 현재 가장 많이 나가는 해수냉각기는 다름 아닌 '대일'의 상표가 붙은 제품이다. 일본에서만 연간 5000~6000대씩 팔리고 있다. 해수냉각기에 관한 한 한국이 일본을 완전히 역전한 셈이다.

대일은 2003년 '100만 불 수출의 탑'을 수상했으며, 2012년에는 '300만 불 수출의 탑'을 받았다. 현재 대일은 관상어 수족관 냉각기, 선박용 냉각기, 오일 냉각기, 수냉식·공냉식 물 냉각기, 공기 열원·복합 열원 히트 펌프 등 다양한 제품을 생산하며, 글로벌 시장을 겨냥하고 있다. 대일은 이제 국내 1위를 넘어 세계 최고 수준의 냉각기·히트 펌프 전문 제조 기업으로 자리 잡았다.

■■ 대일의 아픈 성장통

대일은 원래 부산 해운대에 있었으나, 2008년에 현재 위치인 부산 기장으로 본사를 이전했다. 이와 함께 사명도 '㈜대일'로 변경했다. 새 공간에서 새로운 마음으로 시작하려던 찰나 예상치 못한 위기를 만났다.

모두가 힘들었던 1997년 IMF 시기에도 오히려 회사가 성장했다. 회사를 이전한 해에 터진 2008년 금융위기도 대일에게는 위협이 되지 않았다. 그런데 문제는 내부에 있었다.

"본사 이전 과정에서 큰 실수를 했습니다. 기존에 쓰던 집기를 거의 다 버리고 왔는데, 실무자가 재고 자산을 너무 많이 폐기해 자산이 마이너스로 돌아섰죠. 세무서에서 재무제표를 왜 이렇게 관리하느냐고 조사까지 나왔습니다. 은행은 대출을 회수하고 이자율을 크게 올렸습니다. 설상가상으로 환보험에서도 손실을 봤어요. 회생 절차를 고려할 정도로 힘든 시기였습니다. 결국 살아남기 위해

슈퍼 강소기업

본사 부지를 제외한 공장 부지 두 곳을 모두 매각했습니다. 이때 경영자도 재무제표에 세심히 신경 써야 한다는 중요한 교훈을 얻었습니다."

이로 인해 계획했던 증권시장 상장(IPO)도 한참 미뤄졌다. 하지만 공 대표는 향후 상장에 다시 도전해 연구 개발(R&D) 투자 자금을 확보하고, 세계적인 수산기자재 기업으로 성장한다는 계획이다. 그는 수산기자재 시장이 영세하다는 것은 오히려 시장 기회가 있다는 의미라고 해석한다.

■ 산업 혁신과 인재 성장이 곧 사회 환원

공 대표는 회사가 성장해 더 많은 돈을 벌더라도 여느 기업처럼 교육·복지재단을 만들어 기부하는 방식으로 사회에 환원할 생각은 하지 않고 있다. 대신 그는 수산기자재 분야에서 국산화를 이루고 성공 사례를 만드는 것이 사회에 기여하는 길이라고 믿는다. 시장이 커지면 새로운 플레이어들이 진입하게 되고, 이를 통해 낙후된 한국의 수산기자재 시장이 선진화될 수 있다는 것이 그의 생각이다.

"이것이야말로 기업이 할 수 있는 진정한 봉사이자 사회 환원입니다. 국내에서 '골목대장'이 되었으니, 이제는 글로벌 시장으로 나아가야죠."

배움과 인재에 대한 갈증이 컸던 공 대표는 2012년 중소기업 최초로 병무청, 동명대학교와 협력해 사내 대학을 설립했다. 직원이 성장해야 회사도 함께 성장할 수 있다는 믿음 때문이다. 대일은 직원이 직무 관련 학위나 어학 공부를 원하면 100% 지원한다. 직원들이 마음껏 배우고 성장하기를 바라는 마음에서다. 본인도 틈이 날 때마다 새로운 것을 배우러 다닌다.

"사람은 무엇보다 평생 배워야 합니다. 직원이 성장해야 회사도 함께 자랄 수 있죠. 그래서 사내 대학을 만들었습니다. 직원들이 더 큰 꿈을 꿀 수 있게 해주고 싶었거든요. 학위를 따는 데 드는 모든 비용을 회사가 전액 지원하고 있어요. 적지 않은 돈이 들어가지만, 설령 직원이 학위를 받고 회사를 떠난다 해도 그것 역시 우리 사회에 도움이 되는 일이라 생각합니다. 결국 사람이 성장하는 것, 그게 가장 중요하니까요."

글로벌 수산기자재 회사가 되는 것이 대일의 목표다. 공 대표는 자신의 꿈이 직원들의 꿈이 되기를 바란다. 그는 사업을 하면서 꿈과 목표의 중요성을 깨달았고, 회사를 경영하는 것도 돈보다는 가치를 추구하기 위해서라고 강조한다. 침체되고 열악한 수산기자재산업이 성장하기 위해서는 인재 유입이 중요하다. 그런 차원에서 업계 1위 기업인 대일의 책임과 사명은 막중하다. 공 대표는 누구도 관심 두지 않는 분야에서 세계적인 모범 기업이 되기 위해서는 먼저 우리 직원들이 잘살고 행복해야 한다고 믿는다. 이를 위해 복지에 더 많은 관심을 기울이고, 회사 차원의 지원을 확대해 나갈 계획이다. 구성원들에게 당장 모든 것을 풍족하게 제공할 수는 없지만, 먼저 꿈을 심어주고 싶다는 것이 그의 생각이다. 사업 확장과 투자 확대도 이런 맥락이다. 경영자가 돈에 대한 욕심을 버리면 그만큼의 혜택이 결국 구성원들에게 돌아갈 것이라고 강조한다.

비전바이오켐

수입 판매에서 소재 개발 기업으로

비전바이오켐은 1988년 설립된 효소 전문기업으로 지난 36년간 '효소'라는 전문 분야 한길만 걸어왔다. 조철희 대표는 태평양화학(현 아모레퍼시픽)과 배한산업(현 국순당)에서 효소 연구원으로 일하다 창업했으며, 초기 섬유·공업용 효소제 수입 판매를 시작으로 현재는 식품가공용 효소 시장에서 업계 1위를 차지하고 있다. 2004년 풍양발효연구소(豊釀醱酵研究所)를 설립해 기업 맞춤형 효소 솔루션을 제공하며 성장해 온 비전바이오켐은 지난해 446억 원의 매출을 달성했고, 올해 7월에는 135억 원을 투자해 충북 음성에 성본캠퍼스를 준공하며 미생물 배양, 새활용 소재 개발 등 식품생물공학 분야로 사업 영역을 확장하고 있다.

■■ 40년간 '효소' 기반 생물공학 분야 연구

숙명(宿命). '날 때부터 타고난 정해진 운명'이라는 의미다.

사회에 첫발을 내딛은 후 40년 넘도록 한길만 걸어왔다. 첫 직장에서 시작해 두 번째 직장에서도 같은 일을 했다. 연구 경험과 성과를 기반으로 창업을 했다. 간섭받지 않고 마음껏 일을 하고 싶어서다. 앞으로도 걸어왔던 길의 확장판일 것이다. 이쯤이면 숙명이다.

칠순을 넘긴 조철희 비전바이오켐 대표의 인생은 '효소'와 함께 했다. 오로지 '효소'만을 연구하고 제품 개발에 모든 시간을 바쳤다. 효소가 앞으로 많은 영역에서 활용될 것이라는 미래를 누구보다 먼저 알아봤던 통찰력 때문이었다.

처음에 회사를 설립했을 때만 해도 섬유나 공업용 효소제를 수입해 판매했다. 그렇게 자본을 축적해 연구에 박차를 가했고, 점차 실력을 키워 생물공학 제품을 생산하기 시작했다. 그 후 이미 대기업이 장악한 시장에 비집고 들어가 어느새 자리를 잡았다. 지금은 식품가공용 효소 분야에서 국내 시장 1위를 유지하고 있다. 국내 주요 식품소재가공 회사, 건강기능성식품 제조사, 맥주 등 다양한 양조업체들을 고객사로 두고 있다.

그의 발걸음은 식품과 바이오산업 관련 소재로 확장되었다. 올 7월에는 충북 음성에 성본캠퍼스를 준공했다. 이 시설은 K-사워도우[1] 제조를 비롯해 식품산업을 위한 미생물 배양, 새활용(Upcycling) 소재 개발, 효소 공학기술을 응용한 기능성 소재 생산 등을 목표로 하고 있다.

2023년 매출 446억 원[2]을 올렸다. 국내 산업용 효소 판매에서 선두 그룹에 자리 잡았다. 수출은 아직 미미하지만 서서히 증가하고 있다. 세계 시장에서 경쟁할 준비도 마쳤다. 누구를 만나든 조철희 대표의 첫마디는 '효소의 중요성'에 대한 것이다.

"효소는 우리 생활과 밀접하게 연관되어 있고 산업에도 다양하게 활용되고 있습니다. 없어서는 안 될 소재죠."

효소는 단백질로 구성된 분자다. 이들은 세포에서 발생하는 화학반응을 촉진하는 역할을 한다. 촉매반응을 통해 화합물이 다른

---

1 K-Sourdough, 한국의 전통 발효 기술과 현대적인 제빵 기법을 결합해 개발된 천연 발효종(醱酵種)을 의미하고 빵의 풍미를 개량할 수 있는 원료를 의미.

2 비전바이오켐 335.86억 원, 자매회사 비전상사의 매출 110.19억 원을 합친 금액.

물질로 바뀐다. 고온, 고압 등 특수한 조건 없이 온화한 환경에서 작용하는 특성을 가지고 있다. 적용 분야가 넓어 식품·생명과학·정밀화학·의학·사료·섬유·세제 및 기타 공업 등의 산업에서 활용 가치가 매우 높다.

실제 효소는 우리 생활과 산업 전반에 걸쳐 다양하게 활용되고 있다. 세제에 포함된 효소가 얼룩을 분해한다. 치즈는 우유 단백질을 응고시키는 효소(렌닌[3])의 작용으로 만들어진다. 효소는 약물 합성에 중요한 역할을 하고 오염된 수질을 개선한다. 효소를 이용한 바이오가스 생산은 일반화되었으며, 효소는 식품 소재의 가공, 빵과 맥주 제조 등 식품산업 분야에 꼭 필요한 소재다. 효소의 새로운 기능이 계속 발견되면서, 업계에서 화학 촉매 사용이 줄어들고 효소 시장은 커지고 있다.

효소 글로벌 시장 리포트[4]에 의하면 세계 효소 시장은 연평균 14.2% 성장률을 기록할 것으로 예상된다. 시장 규모는 2021년 기준 117억 달러에서 2030년에는 205억 달러에 이를 것으로 전망

---

3   rennet, 액체 상태의 우유가 고체 형태의 응고된 덩어리로 변하게 만드는 과정에 필요한 효소.

4   Enzymes Global Market Report, 효소 산업의 글로벌 시장 동향과 전망을 다루는 연구 자료로 시장의 동향과 예측을 제공하며, 주요 기업, 지역별 시장 동향 등을 상세히 분석한다.

했다. 효소시장 성장은 산업용 효소의 수요 증가로 인해 이루어
졌다. 산업용 효소시장은 2024~2030년간 연평균 복합 성장률[5]
6.4%로 확대되면서 2030년 시장 규모는 114억 2000만 달러에 달
할 것으로 예상했다.[6] 소비자의 건강에 대한 인식이 높아지면서
사료·음료·건강보조식품·바이오 의약품 등 분야에서 효소 사용
이 늘고 있기 때문이다. 앞으로도 산업용이 효소시장을 견인할 것
으로 예상된다.

국내에서는 대부분 수입산 효소를 사용하고 있다. 주로 글로벌
기업 노보자임,[7] 듀폰사[8], DSM사[9] 제품들이다.

국내는 효소 생산 불모지나 다름없다. 국내에서 효소를 국산화
해야 한다는 목소리가 높지만 기업들이 투자에 나서지 못하는 몇
가지 이유가 있다. 첫째, 투자 효율이 매우 낮아 기업들이 투자에
나서지 않는다는 것이다. 효소 생산에는 억대의 고가 장비가 필요
한데다, 원료 투입량에 비해 효소 생산량이 매우 적다. 1 kg의 원료

---

5 CAGR, Compound Annual Growth Rate. 복리 연간 성장률을 의미

6 〈그랜드 뷰 리서치(Grand View Research)〉 보고서

7 Novozymes, 덴마크에 본사를 둔 세계적인 효소 및 미생물 기술 기업

8 DuPont, 미국의 다국적 화학 기업

9 네덜란드 헤를렌에 본사를 둔 다국적 기업으로, 건강, 영양, 생명과학 분야에
서 활동

에서 얻는 효소 물질의 양이 1㎍에 불과하다는 게 업계 평가다. 둘째, 국내 효소시장이 매우 작다는 점이다. 세계 시장을 확보하지 못하면 지속 가능성이 없는 상황이다.

▪▪ 효소 관련 기술 이해와 경험이 경쟁력

비전바이오켐도 1988년 설립 이후 원료를 글로벌 기업에서 수입하고 있다. 앞서 밝힌 것처럼 초기에는 원료를 수입해 판매하는 유통업이 주였다. 특히 섬유공업[10], 농축 과채류 주스 등에 필요한 효소제를 수입해 판매했다. 한때 국내 농축 주스 제조에 필요한 펙틴 분해 효소(Pectinase)시장을 70%가량 점유하기도 했다.

효소제 수입, 판매로 10년 정도 재미를 봤지만 농산물 가공제품 시장이 개방되자 점차 해외 수입 원료에 국내산은 가격 경쟁력을 상실하고 국내 과채류 가공산업은 경쟁력을 잃게 되었다. 저렴한 외국산 가공제품, 국내 과채류 생산량 감소, 인건비 상승, 그로 인한 생산량 감소와 가격 상승 등으로 인해 경쟁력이 하락한 것이

---

10 효소는 주로 과채류 주스의 섬유질을 분해하고, 점도를 줄여서 농축 가능하게 만들며, 맑기를 개선하는 데 사용된다.

원인이었다. 그 결과 지금도 국내에서 사용되는 농축 주스 효소
시장은 90% 이하로 축소되었다. 조 대표는 시장 변화에 따라 사
업을 식품용, 진단 시약용, 사료용 시장과 양조용 효모시장 등으
로 확대했다. 단순히 수입, 판매만 해서는 기업의 지속 가능성이
보이지 않았다. 계속 살아남기 위해 조 대표는 기업 맞춤형 솔루
션 제공으로 방향을 잡았다.

> "효소 응용 기술과 미생물, 발효, 천연 소재에 대한 기술적 이해가
> 깊었기에 가능했다고 생각합니다."

조 대표의 판단은 정확했다. 지금은 다양한 산업 분야의 원료와
소재를 기업의 요구에 맞춰 주문생산(OEM)하거나 자체 개발한 제
품(ODM)의 공급을 확대하고 있다. 현재 사업 분야는 다양하다. 모
두 식품, 미생물 발효, 사료, 화장품, 제약 등 산업에 꼭 필요한 원
료와 소재들이다.

- **건강기능식품 소재**(미네랄·비타민 강화 효모, 프로바이오틱스 등)
- **효소**(식품 가공과 기타 산업)
- **양조용 소재**(효소 맥아 호프 등)
- **미생물 배지**(효모추출물, 펩톤 등)

슈퍼 강소기업

♦ **제과제빵 소재**(사워도우, 맥아 분말, 효소, 개량제 등)

♦ **조미 소재**(효모, 효모추출물, EMDI[11] 등)

♦ **사료 첨가제**(효소, 효모, 항생제 대체제 등) **실험용 분석 키트**[12]

2004년 풍양발효연구소 설립은 회사의 전환점이 되었다. 연구소 설립 목적은 생명공학과 식품산업 소재의 연구 개발이었다. 연구소 핵심 활동은 생명공학 소재 개발(유용 미생물 균주 개발, 미생물 유래 효소 개발, 식품 사료 농업용 소재 개발), 효소 응용 기술 개발(기능성 소재, 단백질, Fat&Oil 등 가공 기술개발), 효모 균주 개발 및 생산(양조, 제빵, 기타 산업용 효모의 특성 연구, 맞춤 균주 개발, 위탁생산) 등이다. 연구소는 산업 현장에서 부딪치는 기술적 고민을 해결해 주는 것은 물론 기업들과 함께 '식품생물공학 제품 개발 및 생산'에 나서고 있다.

연구소 내 베이킹솔루션센터에서는 베이커리 제품의 텍스처, 볼륨, 풍미, 색, 유통기한 향상을 위한 소재 응용 연구를 한다. 냉동&냉장 베이커리 품질 개선, 발효종(사워도우) 연구, 풍미 개선, 노화 지연 등의 다양한 혁신 기술을 제공하고 있다. 생산 현장에서 발생하

---

11 Enzyme Modified Diary Ingredients의 약자로 치즈, 버터 등을 효소공학 기술을 이용하여 가공하여 풍미를 더욱 강화한 식품 소재.

12 Megazymes kits, 미생물 분석 배지

는 부산물의 부가가치를 높여 새활용(Upcycling)할 수 있는 기술도 지원하고 있다. 연구소는 회사를 단순 수입 판매에서 기업 현장의 고민을 해결하는 기술 마케팅으로 전환하는 동력인 셈이다.

그 일환으로 비전바이오켐은 또 하나의 지속 가능한 허브를 구축했다. 앞서 말한 '성본캠퍼스'로 풍양발효연구소 설립 20년 되는 해에 '식품생물공학 제품 개발과 생산'이라는 비전을 대내외에 선포한 것이나 다름없다. 성본캠퍼스는 음성 성본산업단지 안에 대지 1만 3215㎡, 건평 4699㎡ 규모의 지상 2층 건물로 총 135억 원을 투자해 설립했다.

비전바이오켐은 이곳에서 K-사워도우 제조, 식품산업을 위한 미생물 배양, 새활용 소재 개발, 효소 공학 기술을 응용한 기능성 소재 생산 등 중장기 사업을 단계적으로 실현해 나갈 계획이다. 화장품 소재, 의약품 원료, 농업용 미생물 제제 등 개발도 순차적으로 추진한다. 성본캠퍼스는 비전바이오켐이 36년간 쌓은 역량과 기술력, 자신감의 집약체인 셈이다.

"독창성 있는 식품 생물공학 제품 개발로 고객에게 만족을 주고, 비전바이오켐 고유의 경쟁력과 기술로 세계 시장에서 K-소재와 대한민국의 위상을 드높이겠습니다."

준공식에서 조 대표는 자신감이 넘쳤다. 세계 시장을 향한 포효다. 비전바이오켐이 국내 시장을 넘어설 준비를 마쳤다는 신호이기도 하다. 비전바이오켐은 미생물 발효 소재를 생산할 수 있는 제조 설비와 기술도 확보했다. 300ℓ, 500ℓ, 1500ℓ, 3000ℓ 규모의 미생물 발효 탱크도 갖췄다. 기업들의 다양한 제품 요구에 대응할 수 있는 준비를 마쳤다.

"액상과 분말 혼합 설비를 갖추고 기업의 요구대로 생산해 공급할 수 있는 게 강점입니다."

조 대표는 축적된 효소 관련 기술에 대한 깊은 이해와 경험을 비전바이오켐의 핵심 경쟁력으로 꼽는다. 이는 세계 시장에서도 충분히 통할 수 있다는 자신감에서 비롯된 이야기다. 하지만 그가 이런 자신감을 보이기 전까지 꽤 오랜 시간이 걸렸다. 국내에서는 경쟁자가 거의 없지만 글로벌 시장에서는 대부분 소재와 제품 분야에서 대형 다국적 기업들이 주를 이루기 때문이다. 이러한 이유로 조 대표는 세계 시장의 문을 열기 위한 준비를 철저히 했다.

'효소'라는 한길만 걸어온 조철희 대표

■ 영속성 있는 기업, 가족 친화적인 기업이 목표

조 대표는 말 그대로 '효소'에 청춘을 바쳤다. 대구에서 중고등학
교를 졸업한 그는 서울대에서 농화학을 전공하며 효소와의 인연
을 시작했다. 태평양화학(현 아모레퍼시픽) 기술연구소에서 첫 직장
생활을 시작했고 아주대에서 석사 학위도 취득했다. 1977년 입사
한 태평양화학에서는 효소를 연구 개발, 생산하고 있었다. 연구
성과는 식품 분야에 적용했으며, 8년을 근무하며 식품연구실장에
올랐다.

　태평양화학도 글로벌기업 노보자임 제품을 수입해 판매하고
있었다. 자체 개발에 나섰지만 큰 성과를 내지 못했다. 수입 판매
에 집중하다 보니 자체 개발은 더욱 위축될 수밖에 없었다. 하지
만 조 대표는 당시 연구에 더 매진하고 싶었다. 그래서 배한산업
(현 국순당)으로 자리를 옮겨 연구실장을 맡았다. 그곳에서는 양조
용 효소 연구를 주도했다. 그럼에도 불구하고 연구에 대한 그의
열정을 다 채울 수는 없었다. 그는 좀 더 자유롭게 연구하기를 바
랐다. 결국 직장 내 답답한 현실을 2년 만에 박차고 나와 새로운
자신만의 삶을 살기로 결정했다.

　퇴직 후 그는 변리사 시험을 잠시 동안 준비했다. 발효, 효소, 생
화학 분야 기술자로서 변리사가 되어 산업 기술 개발과 발전에 기

여함은 물론 장기적으로 개인의 경제적 자유를 확보하는 데 좋은 직업이라고 생각했기 때문이었다. 하지만 단기간에 변리사가 되는 일은 결코 쉽지 않았다. 이공계 출신으로 법을 공부하는 데 어려움을 느꼈을 뿐만 아니라 이를 극복하겠다고 강하게 정신 무장을 하지 않았기 때문이기도 했다. 가장으로서 가족의 생계를 책임져야 하는 현실적인 부담도 커 결국 그는 변리사 시험을 제대로 준비도 못하고 포기했다.

"직장을 다니면서 계속 머리에 맴돌던 화두는 자신의 신념에 따라 자유롭게 행할 수 있는 '경제적 자유'였죠. 큰돈은 아니어도 내가 잘할 수 있는 일을 하면서 자립할 수 있다면 좋겠다는 생각을 했습니다."

남들보다 잘 아는 분야는 결국 효소였다. 주변을 둘러보니 효소를 취급하는 회사의 규모가 작았고, 효소에 대한 깊은 이해 없이 영업하는 경우가 많았다. 이 점이 오히려 그에게는 기회로 보였다. 그렇게 그는 1988년 효소 전문기업 비전상사를 설립했다. 그러나 사업의 시작이 순탄했던 것은 아니었다. 사업을 시작한다는 그의 결심에 주변 사람들이 '사업할 체질이 아니다'라며 모두 반대했기 때문이었다. 그동안 연구에만 몰두했던 사람이니 영업에

슈퍼 강소기업

는 미숙할 것이라는 반응 역시 당연했다. 그럼에도 불구하고 그는 호기롭게 사업을 시작했다. 첫 사무실은 경기도 안양, 그가 살던 집이었다.

"효소 시장은 작았지만 산업에 필수적인 소재이고, 기술자이기에 효소에 대해 남들보다 잘 알고 있다고 자신했죠. 지금 생각하면 상당히 무모했던 것 같아요."

조 대표가 창업한 시기는 국내 효소산업의 초창기였다. 대부분 기업에서는 투자 효율이 낮아 해외 효소를 수입해 판매하고 있었다. 하지만 그는 효소 연구나 다양한 산업에서 적용 가능성에 대한 연구를 이제 막 시작하고 있는 상황 역시 기회라고 생각했다. 그래서 효소 제조 글로벌 기업에 손편지를 보내 공급처를 찾았다. 자신에 대해 소개하고, 효소를 수입해 국내에서 판매하고 싶다는 내용을 보냈다. 의외로 해외 기업에서 빠르게 반응했다. 글로벌 시장 2위 기업과 일본 기업에서 답장이 왔으며, 바로 글로벌 시장 2위 네덜란드 기업의 판권을 따냈다. 그 후 공업용 섬유 효소제를 수입해 팔았다. 허가가 필요했던 식품용보다 공업용은 큰 제약이 없어 사업 시작이 편했다. 이후 식품용 효소로 확장했다. 사업은 무리 없이 성장했다. 1990년대 중반까지는 과일 가공용 효소를 국내에

"조직의 성장과 함께 구성원 개개인이
성장하고 발전해야 합니다.
임직원이 모두 행복한 회사로
영속(永續)하는 바탕을 만드는 게
저의 책무입니다.
다행히 효소시장은 계속 확대되고 있어
미래는 밝습니다."

서 가장 많이 판매할 정도였다. 하지만 곧 조 대표는 위기를 맞게 되었다.

첫 위기는 1998년 IMF를 거치면서 섬유 산업이 대거 중국과 인도네시아로 썰물처럼 빠져나가면서 왔다. 판매망이 급격히 줄어든 것이다. 하지만 조 대표는 시장 변화에 빠르게 대응했다. 1990년 초반부터 시작한 양조용 효소사업에 집중했다. 효소를 고객의 니즈(Needs)에 맞게 개발한 것이 주효했다. 현재 맥주용 효소 시장에서 1위로 올라섰다. 그의 번뜩이는 통찰력과 성실함이 빚어낸 결과다. 두 번째 위기는 전혀 예상하지 못한 곳에서 왔다. 첫 위기를 맞아 전전긍긍하고 있을 때, 세무조사로 상당한 금액을 추징당한 것이다. 탈세는 아니었지만 증빙 자료가 부족한 것이 문제였다. 회계를 세무사에게 맡기긴 했지만 꼼꼼하게 챙기지 않아 생긴 사건이었다. 억울한 마음이 들었지만 결국 받아들일 수밖에 없었다.

"제품, 상품을 개발하고 판매하는 것도 중요하지만 관리, 세무, 법무적인 기본 업무를 소홀히 하면 큰 문제가 발생한다는 것을 큰 비용을 지불하고 배웠습니다."

다시 힘을 냈다. 그대로 주저앉을 수는 없었다. 조 대표는 1999년

1월 사명을 비전상사에서 '비전바이오켐'으로 바꾸고 개인회사에서 법인으로 전환하며 의지를 다졌다. 회사의 '지속 가능성'을 확보하기 위해 2004년 풍양발효연구소를 설립했다. 현재 직원 46명 중 9명이 연구소에서 근무하며, 조 대표가 연구소를 직접 맡아 연구 방향을 설계하고, 직원들과 함께 논의하며 자신의 경험을 전수하고 있다. 2024년 7월에 준공된 성본캠퍼스 역시 비전바이오켐의 미래를 책임질 핵심 시설로 자리 잡고 있다.

칠순을 넘긴 지금 조 대표의 관심은 '지속 가능성'이다. 젊은 시절 바랐던 신념에 따라 자유롭게 행할 수 있는 개인의 '경제적 자립'을 넘어 '임직원의 자립'을 이루는 게 그의 꿈이다. 풍양발효연구소와 성본캠퍼스는 '꿈'을 이루기 위한 발판인 셈이다. 작지만 의미 있는 실천에서도 '직원 행복'을 위한 진심을 엿볼 수 있다.

기본적으로 법정휴가나 휴직(출산과 육아휴직, 배우자 출산휴가, 가족 돌봄 휴직과 휴가 등)을 자유롭게 사용할 수 있다. 육아기 근로시간 단축도 가능하다. 정기적으로 전 직원 해외 워크숍을 진행한다. 직원들은 연차와 별도로 월 1회 4시간 휴가를 사용할 수 있다. 성과급과 별개로 다양한 성과보상제도를 운영한다. 출산축하금, 자녀학자금, 종합검진, 체력 단련, 교육비 등을 지원한다. 이런 노력으로 비전바이오켐은 정부로부터 2009년 기술 혁신형 중소기업(이노비즈) 인증 획득, 2015년 가족친화기업, 2018년 청년 친화 강소기업으로 인정받았다.

그러나 기업 경영 환경은 여전히 녹록지 않다. 달러 강세로 인해 수입이 늘수록 수익성은 줄어들고, 인재 채용도 쉽지 않은 상황이다. 특히 연구 개발과 생산 과정에서 요구되는 높은 전문성과 안정성 때문에 고용의 유연성이 부족해져 경쟁력 약화로 이어질 위험도 있다. 넘어야 할 장애물이 여전히 많다는 의미다. 그렇다고 해서 '꿈'을 포기할 수는 없다. 조철희 대표는 다부진 의지로 빛나는 깊은 눈으로 이렇게 말했다.

"조직이 성장하는 만큼 구성원 개개인도 함께 성장하고 발전해야 합니다. 임직원 모두가 행복한 회사를 만들어 지속 가능한 기반을 다지는 것이 제 책무입니다. 다행히 효소시장은 꾸준히 확대되고 있어 미래가 밝다고 확신합니다."

4

비하인드

K-푸드를 넘어 청소 플랫폼까지

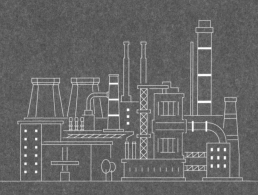

비하인드의 전준형 대표는 2009년 500만 원으로 시작해 현재 '월화고기'를 포함한 7개 브랜드와 연 매출 200억 원을 달성했다. 16년간의 요식업 경험을 바탕으로 매장 지분을 직원들과 공유하는 혁신적인 경영 방식을 도입한 덕분이다. 최근에는 인도네시아에서 현지화된 한식당 '디럭스포차'를 시작으로 K-푸드 사업을 본격화하고 있으며, 에어컨 청소와 해충 방역 등을 제공하는 청소 플랫폼 '비하인드 케어'를 설립하여 사업 영역을 다각화하고 있다. 향후 국내 요식업은 직원들에게 맡기고 해외 K-푸드 사업과 청소 플랫폼 사업에 집중할 계획이다.

▪▪ 한계를 넘어 동남아로, 한식의 새로운 도전

비하인드 전준형 대표는 요즘 인도네시아의 수도인 자카르타를 자주 오가고 있다. 한국에서 음식 장사로 16년가량 잔뼈가 굵은 그가 'K-푸드'로 승부수를 던진 곳이 바로 인도네시아이기 때문이다.

"현재 인도네시아에서 한국과 한국 음식에 대한 관심이 점차 높아지고 있어요. 이에 따라 한국의 여러 식품 브랜드들이 진출하고 있는데, 우리는 교민이 아닌 인도네시아 현지인을 대상으로 직영 매장을 운영할 계획입니다."

그렇다 보니 전 대표가 손수 챙겨야 할 것들이 하나둘이 아니다. 현지어로 된 메뉴판까지 직접 신경 써야 한다. 첫 개척지 인도네시아에서 선보일 브랜드는 한국의 영등포에도 있는 요리 주점 '디럭스포차'다.

"인도네시아는 '할랄' 문화 때문에 음식 규정이 매우 엄격합니다. 돼지고기가 들어간 음식도 제공할 수 없죠. 현지인을 대상으로 하기 때문에 '술이 없는 포차'를 콘셉트로 잡았습니다. 음식을 통해 한국 문화를 즐길 수 있는 포차를 만들 계획입니다. 주메뉴는 닭갈비이며, 떡볶이를 중심으로 한 세트 메뉴도 준비했습니다. 포차라고는 하지만 사실상 '식당'에 가깝습니다."

인도네시아에서는 올해 안에 2호점까지 열 계획이다. 물론 내년부터는 3호점이다. 프랜차이즈도 염두에 두고 있다. 첫 해외 공략지인 인도네시아에서 순조롭게 뿌리내리면 다음은 필리핀이다. 그가 보기에 베트남은 이미 포화 상태여서 염두에 두지 않고 있다.

"필리핀에서는 '월화고기'라는 브랜드로 바비큐를 선보일 준비를 하고 있습니다. 보통 국내 브랜드가 해외로 진출할 때는 현지 업체에 마스터 프랜차이즈[1] 방식으로 사업권을 파는 구조인데, 저는 직접 경험해 보고 싶어요. 필리핀은 마닐라부터 공략할 계획입니다. 현지화보다는 한국식을 고수해 세계 시장에서의 가능성을 시험해 보려고 해요. 욕심을 부리기보다는 배우는 자세로 접근하고 있습니다."

---

[1]   Master Franchise, 브랜드 소유자가 현지 기업에 프랜차이즈 운영권을 판매하는 방식.

'자영업자의 무덤'이라고 불리는 한국에서 나름 성공한 그가 세계 시장을 주목한 데는 분명한 이유가 있다. 'K-푸드 세계화'라는 대의명분도 있지만, 한국 내 현실적 한계가 더 큰 이유다.

한국에서 자영업을 하려면 제약이 너무 많다. 우선 구인난이 심각하고 인건비가 높아 인력을 수급하는 것부터 쉽지 않다. 외국인을 채용하려 해도 비자 규제가 까다로워 어렵다. 설비 투자 비용도 많이 든다. 잘되는 곳과 그렇지 않은 곳의 격차도 너무 심하다.

"한국에서 음식점을 운영하는 게 매년 힘들었는데, 갈수록 더 어려워지고 있어요. 우리처럼 오래된 매장도 상황은 마찬가지예요. 돌파구는 해외밖에 없다고 봅니다. 그래서 해외 진출을 선택할 수밖에 없었습니다."

■ 지분 공유로 이룬 상생의 미학

사업가에게 '성장'은 필연이다. 앞으로 나아가야지 뒤를 돌아보면 안 된다. 이는 자신과의 약속이자, 자신을 바라보는 임직원과의 약속이기에 전진만이 답이다.

"음식점 특성상 직원들의 이직이 잦습니다. 능력 있는 직원들은 반

(주)곱 | GOP Co., Ltd.
(주)월화 | WOLHWA Co., Ltd.

벗;붓
BYW
b:
tre

16년간의 국내 요식업 경험을 보유한 전준형 대표

드시 잡아두어야 합니다. 그러려면 그들을 위한 점포를 열어줘야 하죠. 매장 지분을 10~30%씩 주고 운영을 책임질 수 있게 합니다. 동기부여가 필요하니까요. 마음은 잠시 쉬고 싶지만, 성장을 위해 움직일 수밖에 없는 것이 경영자의 숙명인 듯해요."

전 대표는 서울 영등포 문래동에서 곱창집 하나로 시작해 여기까지 왔다. 당시 갖고 있었던 5000만 원을 전부 쏟아부었다. 맨땅에 헤딩한 꼴이다. 그때가 2009년이었다.

"음식점은 누가 운영하느냐에 따라 결과가 매우 다릅니다. 책임감 있는 사람이 리더십을 갖고 이끌어야 하죠. 주인의식이 필요해요. 지분을 나눠주는 것도 이 때문입니다. 실제로 지분을 나눠주니까 성장하더군요. 또 성장하지 않으면 도태됩니다. 사라지면 한순간 끝나는 것이 이 바닥이에요."

매장을 열 때마다 운영을 책임질 '소사장'을 선임하고, 그에게 일부 지분을 주며 전적으로 운영을 맡기는 구조는 누가 가르쳐준 것이 아니다. 전 대표가 그동안 사업하면서 스스로 터득한 노하우다.

요식업을 하면서 전 대표가 중요하게 생각하는 것이 있다. 직원들이 '자부심'을 갖고 오래오래 근무할 수 있도록 하는 것이다.

"요식업에 종사하는 사람은 크게 두 부류입니다. 한쪽은 생계를 위해서이고, 다른 한쪽은 창업 준비를 위해 경험을 쌓으려는 사람들입니다. 그렇다 보니 대부분 자존심이 강합니다. 자존심마저 없으면 무너지기 쉽기 때문이죠. 저는 직원들의 자존감을 높여주려고 항상 노력합니다. 복지나 급여도 중요하지만, 이 업계에서는 자존심을 지키고 자부심을 느끼게 하는 것이 무엇보다 중요합니다."

전 대표가 매달 500만 원씩을 모아 직원들과 체육대회를 하고, 1년에 한 번씩 고급 호텔에서 행사를 진행하는 것도 모두 같은 맥락이다. 점장급 매니저들과는 해외 연수도 간다.

■■ 정직한 장사로 일군 200억 매출의 비결

그가 전 재산을 투자해 조그만 곱창집을 할 때만 해도 여기까지 올 줄은 상상도 하질 못했다. 곱창집 '곱'을 창업하고 5년 후에는 숙성 돼지고기 전문점 '월화고기'를 열었다.

전 대표가 만든 요식업 브랜드는 현재 7개에 이른다. 그중 월화고기 3곳, 월화식당 1곳, 곱창전문점 곱 4곳, 마틸다바베큐치킨 1

곳, 느루집 1곳, 계옥점 1곳, 디럭스포차 1곳, 월화갈비 1곳, 미츠바 1곳으로 매장만 14곳이다. 중요한 것은 하나도 문을 닫지 않았다는 것이다. 매출은 200억 원을 넘어섰다. 치킨 게임[2]으로 불리는 요식업 시장에서 그가 살아남은 비결은 바로 정직함이다.

"월화고기를 선보일 당시 가게 대부분이 국내산 암퇘지를 사용했습니다. 수많은 고깃집 사이에서 제가 가질 수 있는 경쟁력은 '정직'뿐이라고 생각했죠. 그래서 고기를 구매할 때 거래처에 '최상급 고기를 달라'고 요청했어요. 돼지고기에도 소고기처럼 '1$^+$ 등급'이 있다는 것을 그때 처음 알았죠. 그때부터 지금까지 저희는 최상급인 1$^+$ 등급 돼지고기만 사용합니다."

지성이면 감천이다. 그렇게 장사하던 중 채널A〈먹거리 X파일〉에서 월화고기의 삼겹살을 '착한삼겹살'로 선정했다. 입소문을 타고 고객들의 발길이 이어졌다.

서울 보라매공원 인근에 있는 '월화고기 직영 3호점'은 전 대표에게는 승부처였다. 매장 크기만 300평, 약 12억 원에 이르는 큰

---

2   Chicken Game, 기업 간의 극단적인 경쟁 상황에서 사용되는 용어. 한쪽이 포기하지 않으면 모두가 손해를 보는 경우를 지칭한다.

"월화고기가 전환점을 맞은 건
'1⁺ 등급 돼지고기'가 온라인에서
입소문을 타면서부터였어요.
하지만 이제는 누구나 1⁺ 등급을
내세웁니다. 남들과 같은 길을 걷는다면
살아남을 수 없어요. 이것이 비하인드가
온라인 마케팅에 과감히 투자한
이유입니다. 물론, 그 모든 것의 근간은
'진짜 맛'입니다."

돈이 들어갔다. '몰빵'을 했다는 말이 맞는다. 고기를 대는 유통회사, 술을 공급하는 주류회사 등이 다들 우려의 목소리를 내놨다. 하지만 보라매 매장은 금세 자리를 잡았고, 전 대표는 조직을 정비하기 시작했다. 고기 유통, 온라인 마케팅, 소스 제조 등 자체적으로 할 수 있는 분야는 모두 수직 계열화했다.

"고기는 당연히 제일 비싼 것을 씁니다. 반찬도 우리가 직접 만들어요. 대파김치는 주방에서 매일 새로 담그고 있고요. 참기름도 직접 짜서 사용합니다. 곱창 손질도 마찬가지예요. 이렇게 거의 모든 과정을 수작업으로 하다 보니 직원들이 고생을 많이 하긴 합니다. 회사 차원에서 인건비도 적지 않게 들어가는 편이고요. 보라매 매장 한쪽에는 신선하고 맛있는 밥을 제공하기 위한 쌀 도정실도 별도로 갖추고 있습니다."

새 가게를 준비할 때마다 전 대표가 가장 중요하게 생각하는 것은 다름 아닌 부동산이다. 외식업에서 목(牧, 길의 중요한 통로가 되는 곳)은 매우 중요하다.

"자영업이 실패하는 가장 큰 이유는 대부분 아이템을 먼저 정하고 나서 가게 위치를 찾기 때문이에요. 저는 입지를 먼저 분석한 다음에 그 장소에 맞는 아이템을 구상하는 편입니다. 저희가 곱창, 고기, 치킨, 갈비, 이자카야 등 다양한 품목의 브랜드를 운영하게 된 것도 바로 그런 이유에서였죠. 사업의 내실을 다지기 위해 입지가 좋은 건물들을 계속 물색하고 있는 중입니다."

서울 지하철 5호선 마포역과 공덕역 사이의 월화식당 마포 본점이 있는 건물은 매장과 사무실을 같이 쓰기 위해 사들인 부동산이다. 요식업에서 성공하기 위해 맛과 가게 위치는 중요한 요소다. 여기에 더해 전 대표는 '맛있게 보이도록 하는 것'도 매우 중요하다고 생각한다.

"지금은 마케팅이 중요한 시대가 되었습니다. SNS 활용 역시 그만큼 중요해졌죠. 월화고기가 성공할 수 있었던 것도 '1⁺ 등급 돼지고기'가 온라인에서 입소문을 타면서부터였어요. 하지만 지금은 업체 대부분이 1⁺ 등급을 쓴다고 자랑합니다. 소비자들이 찾아올 수 있도록 다양한 마케팅 요소를 만들고 이를 잘 확산시키는 것이 중요해졌죠. 저희가 온라인 마케팅 회사를 별도로 만든 것도 이런 이유에서였고요. 물론 음식이 실제로 맛있어야 하는 것은 기본입니다."

슈퍼 강소기업

■■ 실패를 발판 삼아 일어선 곱창집 성공기

전 대표는 자신을 거리낌 없이 흙수저로 부른다. 가진 게 없었으니 그렇다. 여기까지 온 것도 기적이라고 생각한다. 한때는 장사가 안 돼 일수까지 썼을 정도였다.

군대를 제대하고 그는 복학 대신 돈을 벌기 위해 일본으로 넘어갔다. IMF 직후였다.

"일본에서 돈을 벌 수 있다는 말을 듣고 넘어갔습니다. 술집에서 아르바이트를 했어요. 일본어를 배우기 위해 학교도 다니고, 한국 식당에서 설거지와 배달도 했죠. 실제 돈도 좀 벌었고, 일본에서 술집을 인수해 장사도 해봤습니다. 그러다 한국에 돌아와서 일본에서의 경험을 살려 장사를 시작했는데 망했어요.(웃음)"

그러다 인테리어 사업을 하면서 봐둔 가게 자리가 하나 나왔다. 곱창집은 망하지 않는다는 생각에 아이템을 곱창으로 정했다. 하지만 한 TV 프로그램에서 일부 가게가 곱창을 세척할 때 세제를 쓴다는 내용을 방송하면서 그의 가게까지 큰 타격을 받았다.

"업종 변경이 쉽지 않아 무작정 서울 마장동으로 찾아갔습니다. 사장님네 곱창을 쓸 테니 곱창에 대해 배우고 싶다고 부탁해 돈을 주고 공부했지요. 장사를 다시 시작했는데 하루에 테이블 하나 채우기가 쉽지 않았습니다. 적자가 쌓였고요. 인건비 때문에 주방장을 내보내고 제가 직접 곱창을 손질하고 구웠습니다. 곱창을 부드럽게 하거나 양념 만드는 노하우가 점차 생기더군요. 장사가 조금씩 되기 시작했고, 곱창 관련 특허도 등록했어요. 초창기 2년 정도는 고생을 많이 했던 것 같습니다."

전 대표가 당시를 회상했다. 2009년 문래동 홈플러스 바로 옆에 처음으로 자리 잡은 곱창집 '곱'은 지금도 지역 맛집으로 인기를 누리고 있다. 그 사이 음식 관련 TV 프로그램을 통해서 여러 차례 방송도 탔다.

▪ 요식업을 넘어, 또 다른 도전

전 대표는 요즘 세상을 깨끗하게 하는 일에도 관심을 갖고 있다. 그래서 청소 플랫폼 '비하인드 케어'를 위해 ㈜비하인드를 설립했다.

"코로나 이후 청소 시장의 판도가 완전히 달라졌습니다. 중국인 인

슈퍼 강소기업

력이 감소하면서 비용도 크게 상승했죠. 사업이든 장사든 결국은 고객 가치에 집중해야 성공할 수 있습니다. 단순한 부탁이 아닌 명확한 가치 교환이 있어야 하고요. 이런 관점에서 청소 플랫폼을 설립하게 됐습니다."

비하인드 케어의 서비스 영역은 에어컨 청소, 해충 방역, 사무실·공장 청소, 교육기관·관공서 청소, 상가·음식점·건물 청소 등 대부분을 넘나든다. 에어컨 청소(5단계 완전분해세척)와 관련해선 특허도 갖고 있다.

"저희는 서울에서 장애인 교육생들에게 세탁기, 에이컨 분해 청소 위탁 교육을 진행하고 있습니다. 이를 통해 고객사들과 장애인 고용도 연계하고 있고요. 장애인 일자리를 창출해 사회적 책임을 다하면서, 동시에 고객사들은 '장애인 의무 고용 부담금'을 덜 수 있어 일석이조인 셈이지요."

또한 한국의 '미슐랭 가이드'로 불리는 블루리본 서베이와도 협력하여, 고객사가 운영하는 식당의 위생 상태를 보다 공정하고 명확하게 평가할 수 있도록 돕고 있습니다. 무엇보다 저희 비하인드는 청소를 잘하는 사람들이 모여 있다는 점이 자랑이랍니다.(웃음)"

전 대표는 월화고기를 비롯해 여러 브랜드를 선보이고 있는 국내 요식업 부문은 차차 직원들에게 맡길 생각이다. 대신 자신은 해외에서 K-푸드를 알리고, 청소 관련 비하인드 사업에 더욱 집중한다는 계획이다.

"20대에 들어온 직원들이 많습니다. 경쟁이 심한 요식업 시장에서 이들을 무조건 잡아둘 수는 없지요. 하지만 역량을 키워 점장을 거쳐 CEO까지 됐으면 좋겠습니다. 자연스럽게 결혼도 하고 아이도 낳고 회사와 같이 성장해 나갈 수 있도록 제가 돕겠습니다."

요식업에서 자영업자로 살면 '쉼'이란 단어가 곧 사치가 된다. 폐업하면 금세 잊히는 이 시장에서 살아남기 위해 발악했다는 표현이 맞는다. 가끔은 힘들 때도 있다. 그렇다고 내색할 수도 없다.

"갑자기 '오전이 있는 삶을 살고 싶다'는 생각이 들었습니다. 그래서 지금은 두 달에 한 번씩 짬을 내어 혼자만의 여행을 다닙니다. 지친 몸도 달래고, 결정할 일들도 여행지에서 차분히 정리하고 돌아오곤 하지요."

5

신일피엔에스

산업용 포장백 1위 기업

신일피엔에스는 산업용 포장백 부문 국내 1위 기업으로, 2021년 매출액 1000억 원을 돌파한 기업이다. 1992년 망해가던 회사를 인수한 문도 대표는 과감한 설비 투자와 직거래 전환을 통해 회사를 성장시켰으며, 현재 롯데케미칼, LG화학 등 국내외 500여 고객사에 제품을 공급하고 있다. 국내 최초로 5층 구조 후드 필름을 출시하는 등 기술력을 바탕으로 27건의 특허를 보유하고 있으며, 직원 복지와 소통을 중시하는 기업 문화를 통해 '행복한 일터'를 만들어가고 있다.

■ 그림과 음악이 있는 공장

울산광역시 외곽 웅촌면(울주군)에 있는 신일피엔에스. 지방에서 흔히 볼 수 있는 공장이지만 분위기는 스타트업 못지않다. 사무실 입구에서부터 등신(等身)의 조각상이 방문객을 맞는다. 책상에서 일하는 직원들 사이로 잔잔한 클래식 선율이 흘러나온다. 한쪽 벽면의 진열대엔 과자, 라면 등 간식거리가 차곡차곡 쌓여 있다. 구내식당엔 갤러리를 방불케 할 정도로 다양한 그림이 걸려 있다. 밝은 기운을 뿜어내는 아프리카 작가의 그림들이 많다.

신일피엔에스는 산업용 포장 봉투(bag) 부문 국내 1위 기업이다. 2021년엔 매출액 1000억 원[1]을 넘어섰다. 국내에서 신일피엔에스를 넘볼 경쟁사는 없다. 문도 신일피엔에스 대표가 1992년부터 경영에 나서면서 기술력과 설비 수준 모두 압도적인 기업으로 키워냈다.

"분말이나 칩, 알갱이 형태로 만들어지는 화학제품, 시멘트, 사료,

---

[1]   한국 본사 735억 원, 중국 천진법인 309억 원.

곡류, 소금 등의 유통에는 반드시 산업용 포장백이 필요합니다. 포장백의 종류는 포장재의 재질, 형태, 마감 형태, 각 층의 재질 구성 등에 따라 다양하게 구성됩니다. 신일피엔에스는 3000여 종류의 다양한 포장백을 생산하고 있습니다."

신일피엔에스가 공장답지 않은(?) 사무실 분위기를 꾸민 데는 이유가 있다.

"저는 '따라쟁이'예요. 다른 기업의 좋은 시스템이 있으면 일단 적용해 봅니다. 안 맞으면 좀 바꾸기도 하고요. 그렇게 회사를 조금씩 행복한 일터로 만들어가는 과정이 재미있습니다."

문 대표에게 거래처나 지인의 회사는 그 자체로 배움터다. 다른 회사를 방문하는 걸 취미처럼 여길 정도다. 의도치 않게 대학생 때 경영자로 올라선 터라 보고 배울 만한 사회 경험이 늘 부족하다고 여기기 때문이다. 그가 주로 호기심을 갖는 벤치마킹 분야는 기업 문화와 직원 복지 쪽이다.

언젠가 윤석금 웅진그룹 회장을 만났을 때, 생일을 맞은 직원에게 떡을 해준다는 얘기를 듣고 생일자 회식 제도를 도입했다. 매달 첫 번째 수요일에는 생일을 맞는 직원들을 모아 10만 원 상당의 상품권을 지급하고 구내식당에서 별도의 점심을 제공한다. 이 자리에서 건의 사항이나 애로를 호소하는 기회도 주어진다.

1년에 한 번 돌아오는 이날 직원들은 적지 않은 건의 사항을 쏟아낸다. 작업복이 더 필요하다거나, 지게차 통로를 안전상 개선해야 한다는 등 각양각색이다. 무리한 요구가 아니라면 대부분 받아들여진다. 건의 사항의 진행 상황과 결과는 게시판에 공지된다. 일종의 '사내 신문고'와 같은 역할이다. 문 대표는 "가끔 월급을 올려달라는 얘기도 나오는데, 그런 것도 과감하게 말할 수 있는 분위기라야 제대로 된 소통이라고 생각한다"고 말한다.

15년을 거듭해 온 생일자 회식은 건강한 소통의 수단으로도 활용되고 있다는 게 문 대표의 설명이다.

"통상 영업하는 부서에서는 생산직을 이해하기 어렵고, 반대로 생산직은 영업부에 불만을 나타내는 일이 많은데 함께 식사하면서 서로 이해하는 폭이 넓어지고 있는 것 같습니다."

문 대표는 소통 효과를 더 끌어올리기 위해 독서 토론 모임도 만들었다. 매년 두 권의 책을 선정해 진행한다. 토론 진행은 일과 이후가 아니라 업무 시간을 활용한다. 직원들이 반발하지 않도록

산업용 포장백을 들고 있는 문도 대표

하기 위해서다. 세바시² 같은 강연 프로그램도 업무 시간에 시청하도록 장려한다. 회식비도 지원한다. 부서별로 석 달에 한 번, 직급별로는 1년에 두 번씩 직원당 3만~4만 원을 회식비로 준다. 참석자들은 회사의 게시판 역할을 하는 소셜미디어에 '인증샷'을 남기면 된다.

■ 과감한 설비투자 … 망해가는 회사 살려

문 대표가 산업용 포장백 사업의 길로 뛰어든 건 1992년부터다. 신일피엔에스는 원래 다른 사업체를 운영하던 부친이 인수한 회사였다. 지인의 권유로 떠안았으나 사실상 빈껍데기였다. 월 매출은 1억 원을 밑돌고, 부채비율(2800%)마저 높은, 망해가는 회사였다.

경영에 어려움을 겪던 부친은 당시 경영학과 4학년이던 문 대표에게 이 회사를 덜컥 맡겼다. 문 대표는 회사로 출근하자마자 모든 경영을 도맡다시피 했다. 그가 자신을 2세대가 아닌 1.1세대라고 부르는 이유다. 문 대표가 막상 회사의 내부 사정을 들여다

---

2   '세상을 바꾸는 시간, 15분'의 약자로 대한민국에서 다양한 분야의 전문가들이 15분간 강연하는 프로그램.

보니 상황은 더 심각했다. 주요 고객사와의 직거래는 거의 없고 딜러나 중간 도매상 거래 위주여서 수익 구조가 취약한 상태였다. 매출채권의 부실 비율이 높아 채권 회수에도 애를 먹었다. 품질 수준도 신통치 않았다.

전권을 쥔 문 대표는 과감하게 중간상들과의 거래를 정리하고 채권 안정성과 주문량이 많은 대기업과의 직거래를 주요 목표로 삼았다. 화학 분야 대기업이 주요 공략 대상이었다. 거래처를 뚫기 위해 무작정 아무런 연줄도 없는 회사를 찾아다니기 시작했다. 문전박대의 수모를 당하는 건 부지기수였다. 끈질기게 문을 두드리면서 말단 직원부터 안면을 트기 시작했다. 그렇게 조금씩 네트워크를 넓히면서 거래처를 늘려나갔다.

내부적으로는 제품의 품질을 높이려는 노력에 집중했다. 첨단 설비를 들이고 공장을 증설하면서 회사의 매출은 매년 20~30%씩 성장했다. 1998년엔 매출 100억 원을 넘어섰다. 문 대표가 경영을 맡은 지 10년이 채 되지 않아 10배나 성장한 셈이다.

신일피엔에스는 폴리프로필렌(PP), 폴리에틸렌(PE), 저밀도 폴리에틸렌(LDPE), 알루미늄, 종이 등을 소재로 용량 20~25kg짜리 산업용 포장백을 주로 생산한다. 주력 생산 품목으로는 여러 재질로 구성되는 층 사이에 PP 혹은 PE 재질의 코팅막을 압출한 샌드위치 제품이 있다. 방수·방습 기능이 우수한 알루미늄 시트 필름이 들어간 고부가가치 샌드위치 백[3]도 만든다. 생산제품 가짓수가 무려 3000개가 넘는다.

문 대표는 "해외에도 신일피엔에스의 포트폴리오를 갖춘 업체가 거의 없을 정도로 경쟁력을 인정받고 있다"고 설명했다.

신일피엔에스는 2000년에 시멘트 포대 등으로 활용되는 페이퍼백 시장에 진출한 데 이어 2015년 25kg 포장용 PE 필름백[4] 시장으로 사업을 확장하며 국내 최초로 다층 중포장 필름백 생산을 시작했다.

롯데케미칼, LG화학, 한화솔루션, 유니드, 효성 등 국내외 500여 고객사가 신일PNS 제품을 이용한다. 생산기지는 울산 웅촌면과 중국 천진법인 등 2곳이다. 중국 법인의 매출 비중은 30% 정도다. 2002년 15억 원을 투자해 설립한 중국 법인에서는 이미 180억 원 이상을 배당받아 보기 드문 성공적인 사례로 꼽히고 있다. 신일피엔에스는 2021년 매출액 1000억 원을 처음 넘어섰다. 2023년에도 1087억 원을 기록했다.

---

3   Sandwich Bag, 다층 구조로 이루어진 포장재를 의미. 일반적으로 서로 다른 재질의 소재를 여러 층으로 결합(샌드위치처럼)해 만들어지며, 주로 방수, 방습, 내구성 강화 등의 특성이 있다.

4   얇고 유연한 플라스틱 재질로 만들어진 봉투 또는 가방을 의미한다.

■ 국내 최초로 5층 구조 후드 필름 출시

신일피엔에스가 요즘 역점을 두고 있는 제품은 신축성이 강화된 덮개 필름(스트레치 후드 필름)[5]이다. 파렛트[6]에 쌓은 포장백에 덧씌우는 용도의 포장재로, 국내 최초의 5층 구조의 후드 필름 제품이다. 문 대표는 "기존 후드 필름 제품에 비해 수축력이 강해 파렛트에 쌓인 적재물이 운송 도중 흔들리지 않아 변형을 방지하는 효과가 탁월하다"고 강조했다.

환경 친화적인 제조 공정과 시스템 구축에도 주력하고 있다. 제조 공정에서 발생하는 유해물질 및 폐기물을 최소화하고 리사이클이 가능한 포장재, 재활용 원료를 적용한 친환경 제품 개발에 힘쓰고 있다. 2022년 2월에는 동종업계 최초로 ISCC Plus[7] 인증을 취득했다. 유럽연합(EU)의 재생에너지 지침에 부합하는 국제

---

5   Stretch hood film, 주로 산업용 포장에 사용되는 플라스틱 필름으로 팔레트를 덮어 포장하는 데 사용된다.

6   Pallet, 적재용 받침대

7   International Sustainability&Carbon Certification Plus, 지속 가능한 바이오매스 및 순환 경제를 위한 국제 인증 제도. 식품, 사료, 화학, 플라스틱, 포장, 섬유 등 다양한 산업 분야에서 바이오 기반 및 재활용 원료의 지속 가능성을 입증하는 데 사용된다.

인증이다. 제품의 친환경성과 지속 가능성을 입증하는 대표적인 인증으로 꼽힌다.

신일피엔에스의 지속적인 성장의 원동력으로는 과감한 설비 투자가 꼽힌다. 최근 9년간 전자동 페이퍼백 설비, 인라인 필름 압출기[8] 등 첨단 설비 투자에 350억 원을 쏟아부었다. 이를 바탕으로 제품 포트폴리오 다양화를 꾀하고 있다. 특히 경쟁사들이 만들 수 없는 고부가가치 특화 제품을 개발해 수출 확대를 추진 중이다.

신일피엔에스는 특히 특별한 성능과 기능을 갖춘 포장재 개발에 강점이 있다. 포장재 관련 각종 특허만 27건에 달한다. 특허 제품들은 고객사들의 포장 원가를 줄일 뿐 아니라 포장 품질 개선, 물류비 절감에도 도움을 주고 있다. 한 화학제품 제조사는 신일피엔에스와 협업해 수출 제품에 형태와 규격을 변경한 포장재를 적용하면서 20ft 컨테이너 기준 적재 용량을 20t에서 24t으로 늘려 운송비를 획기적으로 절감하기도 했다.

생산성 향상을 위한 원가 절감 효과도 만만치 않다. 임직원들 스스로 현장의 문제점을 해결하기 위한 여러 가지 개선 제안이 매년 몇백 건에 이른다. 아이디어 공모를 통해 매년 많게는 10억 원

---

8   In-line Film Extruder, 원료를 녹여 압출, 성형, 인쇄 공정을 연결하여 생산하는 기계.

"휴일에 가족들을 데려와
회사를 둘러보게 해달라고 요청하는
직원도 있을 정도로 회사에 대한
직원들의 자긍심이 높은 편입니다.
2007년 노동조합이 결성됐다가
5개월 만에 없어진 이유도 행복한 일터를
조성하려는 사측의 진정성을
직원들이 인정해 준 것 같아
경영자로서 뿌듯함을 느낄 때가 많습니다."

가까이 절감한다. 이에 대한 보상 시스템도 구축돼 있다. 제안, 원가 절감 포상금으로 매년 1억 원 이상을 지급한다.

전자결재와 사내 네트워크 시스템을 통해 회사의 각종 정보가 폭넓고 빠르게 내부 구성원들에게 공유되고 있어, 의사결정의 신속성과 정보 전달 효율성이 뛰어난 것도 강점으로 꼽힌다.

행복한 일터를 만들기 위한 복리 후생에도 관심을 기울이고 있다. 출산축하금(50만 원), 초·중·고·대학교 입학축하금(100만 원), 대학원 학자금(근속연수에 따라 연간 200~300만 원) 등 다양한 명목의 지원 프로그램이 마련돼 있다.

매년 경상이익의 10~15%는 직원들에게 성과급으로 지급한다. 회사의 성과가 높을수록 혜택을 보는 만큼 생산이나 마케팅 등 각자의 업무 분야에서 자발적으로 원가 절감이나 영업력 극대화를 위해 노력하는 주인의식이 자연스레 형성되고 있다는 게 문 대표의 진단이다.

"휴일에 가족들을 데려와 회사를 둘러보게 해달라고 요청하는 직원도 있을 정도로 회사에 대한 직원들의 자긍심이 높은 편입니다. 2007년 노동조합이 결성됐다가 5개월 만에 없어진 이유도 행복한 일터를 조성하려는 사측의 진정성을 직원들이 인정해 준 것 같아 경영자로서 뿌듯한 느낌이 들 때가 많습니다."

6

쓰리에이로직스

10cm 거리에서 세상을 바꾸는 기술

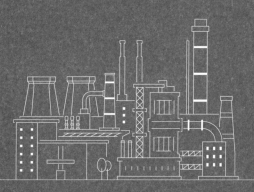

쓰리에이로직스는 '동업=실패'라는 고정관념을 깨뜨린 대표적 사례다. 2004년 6명의 창업 멤버가 뜻을 모아 설립한 NFC 반도체 설계 전문기업으로, 20년째 성공적으로 공동 경영을 이어가고 있다. 창업 멤버들은 초기에 '5·5·5' 도원결의를 맺었다. 5년간 퇴사하지 않고, 5개 제품을 양산하며, 5개 사업 분야에 진출하겠다는 약속이었다. 이들은 약속을 지켜냈고, 마침내 국내 최초로 NFC 리더칩 국산화에 성공했다. 글로벌 기업들과의 치열한 경쟁 속에서도 기술력으로 대결했다. 차량용 디지털키 리더칩 'TNR200'을 개발했고, 104개의 특허를 출원하며 기술력을 인정받았다. 직원 복지를 최우선으로 하는 경영 철학을 바탕으로 2024년 코스닥 상장을 앞두고 있다.

■ 창업 멤버 6명의 '5·5·5' 도원결의

우리 사회는 동업에 매우 부정적이다. '동업(同業)하면 실패한다.' 이는 우리 사회에 깊이 뿌리박힌 인식이다. 한국 기업의 1인 경영 체제를 강고히 구축한 논리이기도 하다. 지금까지 현실은 그래왔다. 그렇다고 '동업=실패'라는 등식이 절대적인 것은 아니다.

LG그룹은 구 씨와 허 씨 가문의 동업 성공 사례로 꼽힌다. 서울 여의도 LG 쌍둥이빌딩은 구 씨와 허 씨의 공동경영을 의미하는 건물이다. 2004년, 57년간 동업 관계를 마무리했다. 두 집안은 같은 업종에서 경쟁하지 않기로 신사협정을 맺었다. 아름다운 이별이다. 두 집안은 57년간 동업으로 한국 경제 발전에 크게 기여했다.

최근에는 동업과 유사한 협업(協業)이 활발하다. 협업은 '여러 사람이 분담해 일하는 형태'를 뜻한다. 어떤 이들은 동업과 협업의 차이를 구별하지만, 사실 내용은 같다고 해도 무방하다. 혼자가 아닌 여럿이 함께 일을 한다는 본질에서는 똑같다.

요즘 협업은 매우 다양한 형태로 이루어진다. 허 씨와 구 씨 가문처럼 지분 취득을 통한 경영 참여는 일상화되고 있다. 소위 '적과 동침'에도 적극적이다. 급변하는 시장에서 혼자 힘으로 생존하기 어렵기 때문이다.

20여 년 전, 청년 둘이 거대한 꿈을 갖고 의기투합했다. 팹리스[1] 직장 동료로 CMO[2]와 CTO[3]다. 이들은 시대의 흐름을 읽었다. 근거리 무선통신(NFC)과 사물인터넷(IoT)이 시대를 이끌 것이라 확신했다. 당시 NFC 칩은 모두 외국산이었다. 두 청년의 눈이 반짝였다. 바로 여기에 기회가 있다고 본 것이다.

"우리가 직접 무선주파수 식별(RFID)[4] NFC용 반도체 칩을 만들어보자."

두 청년은 한국과학기술원(KAIST) 출신 중심으로 반도체 설계 전문가들을 모았다. 총 6명이 뜻을 모았다. 이들은 근거리 무선통

---

1   Fabless, 반도체 설계를 전문으로 하는 기업을 의미한다. 팹리스 기업은 반도체 칩의 설계와 판매에 집중하며, 실제 생산은 외부 제조업체에 위탁한다. 대표적인 팹리스 기업으로는 퀄컴, 엔비디아, AMD 등이 있다.

2   Chief Marketing Officer, 최고 마케팅 책임자

3   Chief Technology Officer, 최고 기술 책임자

4   Radio Frequency Identification, 무선주파수를 이용해 정보를 인식하는 기술이다. 바코드와 유사하지만, 전파를 사용해 먼 거리에서도 정보를 읽을 수 있는 장점이 있다.

신 기술이 미래를 선도할 것이라 확신했고, NFC 기술의 핵심인 반도체(칩)의 국산화를 목표로 삼았다.

2004년, 이들은 지분을 나눠 갖는 동업 형태로 창업했다. 창업 멤버 6명은 '각서'를 작성했다. 사업 성공을 위한 '도원결의서'인 셈이다.

첫째, 창업 후 5년 동안은 창업 멤버 중 누구도 회사를 떠나지 않는다.

둘째, 5년 안에 최소 5개의 반도체 칩을 개발해 양산에 성공한다.

셋째, NFC가 필요한 5대 핵심 사업 분야(출입 제어, 전자 가격 표시기, 지불 결제, 자동차, 사물인터넷)**에서 사용될 칩을 개발한다.**

그리고 20년이 흘렀다. 창업 멤버 6명은 한 명의 이탈 없이 지금까지 함께하고 있다. 이들은 오직 NFC용 시스템 반도체 설계라는 한길만 걸어왔고, 그 결과 세계 최고 수준의 기술력을 확보했다.

약속했던 대로 창업 5년 만에 4개의 칩을 양산하는 데 성공했다. 5대 핵심 사업 분야에서 필요한 칩도 차근차근 개발해 냈다. 그 성과는 숫자로도 증명된다. 2023년에만 68억 원의 수출 실적을 올렸고, NFC 반도체 관련 특허도 108개나 출원해 그중 54건이 등록됐다.

"동업을 20년간 이어올 수 있었던
비결은 존중과 소통, 그리고 자부심입니다.
서로의 영역을 존중하며 끊임없이
소통해 왔죠. 특히 반도체 국산화라는
자부심은 창업 멤버들을
하나로 묶어주는 강력한
원동력이 되었습니다."

이들의 꿈은 언제(anytime), 어디서나(anywhere), 어느 기기에서든 (any devices) 소통이 가능한 세상을 만드는 것이다. 그 꿈은 회사 이름에도 고스란히 담겨 있다. '언제', '어디서나', '어느 기기에서든'을 뜻하는 영어 단어들의 첫 글자 'A'를 3개 모아 만들었다. 창업의 초심을 잊지 말자는 의미다. 이렇게 탄생한 회사가 바로 NFC 분야 국내 최고 팹리스로 꼽히는 쓰리에이(3A)로직스다.

20년 전 처음 꿈을 나눴던 두 청년, 박광범 대표와 이평한 대표가 지금도 공동대표를 맡고 있다. 두 대표는 성향도, 전문 분야도 정반대다. 문과 출신인 박광범 대표가 마케팅과 조직 관리를 맡고, 이과 출신인 이평한 대표가 기술 개발을 담당하고 있다.

쓰리에이로직스는 2024년 9월 26일 한국거래소의 상장 예비심사를 통과해 설립 20년 만에 코스닥 상장을 앞두고 있다. 6명의 창업자가 함께 써 내려가는 '동업' 역사는 시스템 반도체의 서사이기도 하다.

■ 최초 NFC용 반도체 국산화 성공

쓰리에이로직스는 국내에서 유일한 NFC 칩 설계 전문기업이다. NFC용 집적회로(IC) 설계 기술을 바탕으로 NFC 칩은 물론,

RFID 칩, 블루투스 저전력 칩(BLE), 무선 충전 칩, 센서드라이버 IC 등 다양한 제품을 자체 개발해 상용화했다.

창업 2년 만에 국내 최초로 13.56㎒ 대역의 RFID 리더칩을 국산화했다. 10명 남짓한 개발자들이 밤낮을 지새우며 이룬 성과다. 이를 발판으로 NFC 리더칩 양산에 들어갔고, 2014년에는 NFC 다이나믹 태그칩까지 상용화하며 제품군을 확대했다.

2018년에는 국내 기업 최초이자 세계에서 세 번째로 차량용 NFC 리더칩 상용화에도 성공했다. 2022년에는 이에 대한 국제인증(CCC-CR13)까지 획득했다. 이어 정품 인증용 태그칩, RFID와 NFC를 하나로 통합한 원칩, NFC 무선충전칩 등을 차례로 국산화했다. 2024년 9월에는 차량용 디지털 키의 기술 표준인 '디지털 키 2.0'을 충족하는 NFC 리더칩 'TNR200'을 국내 최초로 상용화에 성공했으며 이 칩 또한 국제인증(CCC-CR13)을 획득했다.

기술 개발 과정에서 전 세계에 104건 특허를 출원했다. 현재 등록 특허는 53건이다. 회로 구현의 핵심이 되는 특허 기술도 59개 보유하고 있다.

회사 기술력은 정부에서도 인정하고 있다. 2007년 아시아 100대 유망 기술 기업을 시작으로, 기술 창업 선도 기업(2009년), 빅3 분야 전문기업(2020년), 소부장 강소기업 100(2020년), 혁신 기업 국가대표 1000(2021년), 글로벌 스타팹리스 30(2023년). 소부장 으뜸기업(2024년)에 연이어 선정되었다. 시스템 반도체 분야의 핵심 기업으로 성장한 것이다.

청년 6명의 도전은 처음엔 무모해 보였지만 지금은 눈부신 성과를 내고 있다. 세계 NFC 반도체 시장은 NXP(네덜란드), ST마이크로일렉트로닉스(스위스), 소니(일본) 등 글로벌 종합 반도체기업들이 장악하고 있다. 국내 시장도 NXP가 약 67%를 점유했다. 쓰리에이로직스의 점유율은 약 6%에 불과했다.

글로벌 기업들이 쓰리에이로직스 경쟁 상대인 셈이다. 국내 시장에서 글로벌 기업을 이겨내며 시장을 넓히고 있는 것이다. 다윗과 골리앗의 대결과 유사하다.

"창업할 때는 기술 개발에만 집중하느라 경쟁사가 글로벌 기업들일 줄은 몰랐어요. 알았다면 아마 시작도 못 했을 거예요. 지금 생각하면 무모했던 도전이 오히려 성공의 밑거름이 됐네요."

박광범 대표는 쓰리에이로직스는 올해는 8%, 2025년 13%, 2026년 16% 정도로 점유율이 상승되어 국내 시장점유율 2위에 오를 것으로 전망한다. 자신감의 근거는 기술 경쟁력이다.

실제로 쓰리에이로직스의 제품은 칩 크기, 전력 소모량, 정전기 방지 능력 등 모든 면에서 최고 수준에 도달했다. 여기에 국내 최초로 NFC와 극초단파(UHF)-RFID를 하나로 통합한 복합 칩 개발에도 성공해 양산을 앞두고 있다.

▪▪ 다윗의 도전, 세계 시장을 향한 기술 강자의 꿈

쓰리에이로직스와 글로벌 기업의 전쟁은 더 치열해질 전망이다. NFC 쓰임새가 커지면서 시장이 확대되고 있어서다. 글로벌 NFC 시장 규모는 2017년 100억 달러에서 2023년 250억 달러로 크게 늘었다. 향후에도 연평균 14.9%의 성장률로 2028년에는 500억 달러 규모에 이를 것으로 추정하고 있다.

NFC는 10cm 정도의 가까운 거리에서 13.56MHz 대역의 주파수를 이용해 데이터를 교환하는 근거리 무선통신 기술이다. NFC 기술은 사회생활 전반에 걸쳐 활용되고 있다. 처음에는 건물 출입통제나 교통카드, 전자결제 등 제한된 영역에서만 사용됐다. 하지만 스마트폰에 NFC 기능이 탑재되면서 수요가 폭발적으로 늘었고, 이제는 자동차, 스마트 물류, 헬스케어, 무선 충전 등 사물인터넷 구현의 핵심 기술로 자리 잡았다.

NFC는 판독·해독 기능을 하는 리더와 정보를 제공하는 태그가 한 쌍을 이룬다. 디지털 도어록의 경우 도어록이 리더, 출입카드가 태그 역할을 한다. NFC 칩을 싸게 만들 수 있는 데다 수명도 길어 다양한 분야로 확산하고 있는 것이다.

특히 NFC는 전 세계적으로 13.56㎒ 주파수를 쓰는 단일 표준을 적용하고 있어 국가 간 기술적 제약이 없다. 이는 글로벌 경쟁을 더욱 치열하게 만드는 요인이다. 글로벌 수준의 반도체만 개발할 수 있다면 국가별 장벽 없이 세계 어디에나 수출이 가능하기 때문이다.

쓰리에이로직스도 이 점을 잘 알고 있다. 자동차와 스마트 물류용 NFC 시장 공략에 회사 역량을 집중하고 있는 이유다. 지난해 11월에는 중국 심천에 글로벌비즈니스센터(GBC)를 설립했다. 연간 3500만 대 이상을 생산하는 세계 최대 규모의 중국 자동차 시장을 공략하기 위해서다. 다수 중국 자동차 제조사에 칩과 모듈 시제품을 공급하는 등 활발한 영업을 전개하고 있다.

"칩 크기를 최소화하고 저전력 회로를 구현하는 데 모든 역량을 집중하며 제품 경쟁력을 높이고 있습니다."

쓰리에이로직스는 꾸준하게 해외 시장을 개척해 연간 100억 원 이상을 수출한다. 더 나아가 2026년에는 전체 매출의 40%인 140억 원까지 수출을 늘린다는 목표를 세웠다. 이미 세계 시장에서 경쟁

할 수 있는 제품들을 갖추고 있어 목표 달성에 자신감을 보이고
있다.

▪▪ 위기를 기회로 만든 쓰리에이로직스의 여정

쓰리에이로직스의 20년 여정은 순탄치만은 않았다. 부족한 개발
자금과 낮은 인지도는 회사를 위기로 몰기도 했다.

팹리스 특성상 한 제품을 양산하는 데 최소 3년 이상이 소요되
고, 제품 한 개당 20억~50억 원의 자금이 필요하다. 쓰리에이로
이직스는 20년간 20개 이상의 양산 모델을 개발하는 데만 약 700
억 원가량을 투입했다.

첫 제품 개발에서부터 자금 위기에 봉착했었다. 창업을 주도했
던 박 대표와 이 대표의 초기 투자금이 8개월 만에 바닥났다. 걱정
이 태산이었다. 이때 LG전자가 휴대전화용 NFC 칩 개발을 위해
10억 원을 투자해 살아났다. LG전자의 투자 소식이 알려지면서
투자 유치가 한결 수월해졌다.

낮은 인지도 때문에 판로 확보에도 애를 먹었다. 6개월간 홍보
에 매달렸지만, 단 한 건도 수주하지 못했다. 문전박대당하기 일
쑤였다.

슈퍼 강소기업

상위 10개 디지털 도어록 회사들이 사용 중인 외국산 반도체 칩에 대한 불만을 조사했다. 불만을 해소하면 영업이 될 것 같았다. 태그 자동 감지와 ESD(정전 방전) 기능이 핵심 문제로 지목됐다. 2년간 이 두 가지 기능 보강에 전념해 성공했다.

"2006년 삼성SDS가 디지털 도어록에 우리 NFC 리더칩을 채택하자 반응이 폭발적이었습니다. 그간 무시하던 업체들이 쓰리에이로직스를 찾기 시작했어요. 삼성이 일종의 보증수표가 된 셈이죠."

쓰리에이로직스는 3년 뒤 디지털 도어록 시장에서 외국산 칩을 제치고 당당히 시장점유율 1위로 올라섰다. 현재 국내 디지털 도어록 시장을 70% 정도 점유하고 있다. 쓰리에이로직스의 '고객 맞춤형' 전략이 다시 한번 빛을 발한 사례다.

이전까지만 해도 국내 기업들은 NFC 칩을 100% 수입에 의존해야만 했다. 글로벌 반도체 기업들은 콧대가 높아서 기술적인 문제가 발생할 때 무척 소극적으로 대했다. 심지어 주문량이 적다는 이유로 기술 지원은커녕 기술 문서조차 전달받지 못하는 상황도 발생했다. 국내 기업들이 푸대접을 받아왔던 것이다.

쓰리에이로직스는 NFC 칩 국산화 이후 '기술 지원 전담 FAE 제도'를 도입해 고객사들을 밀착 지원했다. 특히 구매량과 상관없

'대한민국 일하기 좋은 100대 기업'에 선정된 박광범 대표

이 모든 고객사에 같은 수준의 기술 지원을 제공했다. 이는 그동안 외국 업체들에 홀대받았던 기업들 사이에서 큰 호응을 얻었고, 회사가 단기간에 시장에 안착할 수 있었던 핵심 비결이 됐다.

하지만 여전히 풀어야 할 숙제도 있다. 우수 인력 유치와 장기 근속 문제가 바로 그것이다. 이는 대부분의 기술 중심 벤처기업이 안고 있는 고민이다. 반도체 설계 엔지니어의 수요가 폭발적으로 증가하면서 중소기업 기술자들은 대기업과 중견기업의 끈질긴 유혹에 시달리고 있기 때문이다.

"스톡옵션을 비롯한 다양한 보상책으로 인력 유출을 막으려 노력하고 있지만, 개발 엔지니어들의 이직을 완전히 막기는 어려운 실정입니다."

그래도 다행이다. 회사 중심인 창업 멤버가 여전히 각자의 역할을 충실히 수행하고 있어서다. 이들을 중심으로 회사 핵심 인력이 똘똘 뭉쳐 있다. 비메모리 시스템 반도체 팹리스 특성상, 가치 경영을 하려면 소수 정예 인력으로 최대 성과를 내야 한다. 글로벌 최고 기업으로 도약하려면 더욱 그렇다.

창업 멤버는 회사의 구심점인 셈이다. 따라서 회사는 직원 복지에 마음을 다하고 있다. 평균 연봉은 국민연금관리공단 기준 상위

1% 수준이며, 스톡옵션은 기본으로 제공된다. 핵심 인재에게는 법인 차량을 제공하고, 연 4회 특별 상여금도 지급하고 있다.

5년 단위 장기 근속자 포상, 자기계발 지원, 리프레시 휴가 제도, 매월 가정의 날 행사, 피트니스 지원, 자율 출근제, 우수 근무자 대상 장거리 출·퇴근자 숙소 지원 등 다양한 복지 제도도 운용하고 있다. 이는 중소기업에서는 좀처럼 보기 힘든 제도들이다.

이러한 진정성을 인정받아 2022년과 2023년 연속으로 '대한민국 일하기 좋은 100대 기업'에 선정되기도 했다. 또한 박 대표는 2022년과 2023년 연속으로 '대한민국에서 가장 존경받는 100대 CEO'에 선정되기도 했다.

"무엇보다도 회사 구성원들의 행복을 최우선 가치로 생각합니다. 직원이 행복해야 주주, 고객, 외부 이해관계자 모두의 행복으로 이어지는 선순환 구조를 만들 수 있다고 확신합니다."

박 대표는 이나모리 가즈오의 말을 경영 철학으로 삼고 있다. "리더의 행동, 태도, 자세는 그것이 선이든 악이든 본인 한 사람에 그치지 않고 집단 전체에 등불처럼 확산된다."

쓰리에이로직스 창업 멤버들의 '동업'과 경영 원칙은 1인 오너 경영에 익숙한 중소벤처기업계에 새로운 이정표를 제시하고 있다.

7

에너지엔

차세대 에너지 혁신을 이끌 새로운 동력

에너지엔은 원자력발전 플랜트용 기자재를 공급하는 강소기업이다. 대한민국 발전 산업의 숨은 조력자 정종구 대표는 23년간 GE에서 구매·품질 총괄 책임자로 재직하며 국내 50여 중소기업의 GE 협력사 등록을 이끌어냈다. 이를 통해 약 5조 5000억 원의 수출 성과를 거둔 그는 2024년 1월 에너지엔의 CEO로 합류했다. 에너지엔은 최근 이집트 엘다바 원전 프로젝트에서 1600억 원 규모의 수주를 달성했으며, 차세대 소형모듈원전(SMR) 시장 진출을 준비하는 등 글로벌 경쟁력 강화에 주력하고 있다.

■■ 중소기업 성장 사다리 놓은 '키다리 아저씨'

대한민국 발전 산업 분야의 중소기업들은 정종구 에너지엔 대표에게 빚진 게 많다. 세계적인 발전회사 GE(General Electrics, 제너럴일렉트릭)의 협력업체로 성장할 수 있는 결정적인 기회를 그가 제공한 까닭이다. 정 대표가 23년간 GE에서 구매·품질 총괄 책임자로 몸담고 있을 때 이뤄진 일이다.

정 대표는 국내 50여 중소기업을 발탁해 GE의 협력사로 등록시켰다. 이를 통해 국내 발전 산업이 비약적인 기술 축적의 토대를 쌓았음은 더 말할 나위가 없다.

시작은 20여 년 전부터다. 브랜드 인지도가 거의 없는 무명(無名)의 중소기업이 GE에 제품을 납품한다는 건 낙타가 바늘구멍을 통과하는 것처럼 여겨졌던 시절이다.

"한국인으로서 당연히 팔이 안으로 굽을 수밖에 없었지요. 중소기업이 성장해야 일감이 늘어나고 고용이 창출되지 않겠어요? 그래서 기술 경쟁력을 갖춘 기업들을 선별해 GE에 제안했습니다. 그 결과 선진국의 협력업체보다 20~30% 저렴한 가격을 제시할 수 있었고, GE로서도 마다할 이유가 없었죠. 이런 명분을 최대한 활용해 되도록 많은 중소기업을 찾아내려 노력했습니다."

부산의 제조업체 태웅이 첫 번째 협력사로 선정되었다. 발전소에 들어가는 단조품[1]을 공급했다. 중견기업으로 성장한 태웅은 현재 세계 최대 규모의 금속 단조 생산기업으로 인정받고 있지만 당시 매출액은 300억 원 안팎에 불과했다. 태웅은 2023년 4438억 원의 매출액을 기록했다.

두 번째 협력업체가 발전소용 베어링[2]을 공급하는 DYM(동양메탈공업)이다. 뒤이어 부산의 터보파워텍, 경북 경산의 한국차폐기술(KRSE), 충남 천안의 유니슨, 경남 김해의 대흥기공, 함안의 성일SIM 등이 정 대표의 주선으로 GE의 높은 문턱을 넘었다. 정 대표가 올해 초 최고경영자(CEO)로 합류한 에너지엔도 그중 하나다.

정 대표가 마지막으로 GE와의 협력을 중재한 기업은 부산의 화신볼트산업이다. 일반 볼트 제조에 머물러 있던 화신볼트산업은 정 대표의 제안으로 과감한 기술 혁신에 도전했다. 3년간의 연구 개발 끝에 고강도 및 고온에 사용할 수 있는 가스터빈용 특수

---

1   금속을 두들기거나 눌러서 만든 제품
2   회전 운동이나 직선 운동을 하는 굴대를 받치는 기구

볼트 생산에 성공했다. 프랑스와 미국의 2개 기업만이 생산할 수 있는 고난도 부품이었다.

정 대표가 국내 중소기업을 글로벌 무대에 데뷔시킨 데는 한국인이라는 정체성 외에 가난했던 성장 과정도 큰 영향을 미쳤다. 그는 중학교 2학년부터 전남 순천에서 자취생활을 했다. 유독 힘겹고 외로운 객지 생활이었다. 1년 전 불의의 사고로 식물인간이 된 아버지를 간호하느라 어머니는 고등학교를 졸업할 때까지 거의 찾아오지 못했을 정도였다.

"어려운 환경 속에서도 무탈하게 성장하고 대학 교육까지 받을 수 있었던 것은 주변 분들의 따뜻한 관심과 보살핌 덕분이었습니다. 이웃들이 틈틈이 김치도 전해주시고 챙겨주신 그 온정이 없었다면 불가능했을 겁니다. 어려서부터 느낀 고마운 감정들이 몸에 배면서 자연스럽게 다른 이들을 돕는 일에 관심을 가졌던 것 같습니다."

이러한 생각은 사회생활을 하면서 더욱 깊어졌다. 특히 결정적인 계기가 된 것은 한국중공업에서 GE로 이직한 직후인 2002년의 베트남 출장 경험이었다. 해외에서의 경험이 별로 없었던 그는 호텔 앞 마사지 업소의 이용료가 고작 3달러라는 사실에 적잖은 충격을 받았다. 당시 한국이 외환위기를 겪고 있었음에도 경제력의 차이가 그만큼 크다는 데 놀라서다. 열악한 환경 속에서 살아가는 현지인들의 모습을 보면서 그는 이런 깨달음을 얻었다.

"내가 베트남이나 북한에서 태어났다면 어떤 길을 걷게 됐을까를 곰곰이 생각하게 됐습니다. 개인의 노력만으로는 한계가 있을 수밖에 없지 않았겠어요? 대한민국에서 태어나 고맙다는 생각이 들었습니다. 또한 어린 시절, 주변 분들의 따뜻한 도움으로 성장할 수 있었다는 사실을 다시 한번 깨달았죠. 이런 경험이 중소기업을 바라보는 시각에도 영향을 미쳤습니다. 누군가의 작은 도움만 있다면, 중소기업들도 제가 그랬듯이 더 큰 성장을 이룰 수 있지 않을까 하는 생각이 들었습니다."

■■ GE 협력업체 누적 수출액 5.5조 원 창출

출장을 다녀온 뒤로 정 대표는 성장 가능성이 있는 중소기업을 물색하기 시작했다. 다만 그가 국내 중소기업을 협력업체로 등록시킬 때 철저히 고수한 원칙이 하나 있다. 한국 기업끼리 제 살 깎아먹기식 출혈 경쟁을 해서는 안 된다는 것이었다. 그는 미국, 일본, 중국 업체와 한국 업체를 입찰 경쟁에 부치는 전략을 짰다. 가격에서는 선진국보다 경쟁력이 있고 품질에서는 중국보다 앞서는 한국 업체에 유리한 구도였다. 복수의 한국 업체에 같은 아이템을 발주하지 않은 것도 이런 이유에서였다. 정 대표는 "하나둘씩 국내 중소기업이 GE의 협력업체로 등록될 때마다 성취감과 희열을 느꼈다"고 했다.

발전 업계에 따르면, 정 대표가 GE에 몸담은 기간 동안 GE와 협력한 50여 중소기업들은 400개 이상의 발전 설비 핵심 부품과 소재를 개발했다. 이를 통해 누적 수출액 5조 5000억 원 이상을 달성했으며, 연간 700명의 신규 일자리를 창출하는 성과를 거두었다.

정 대표는 여기서 한 걸음 더 나아가 국내 기업들에게 '해외 수요처 구매 조건부 신제품 개발 사업'에 참여하는 기회를 제공하기도 했다. 아울러 GE의 선진 경영과 기술 평가 기법을 전파함으로써, 국내 중소기업들이 국제 평가 기준에 부합하는 기업 역량과 제품 품질을 확보할 수 있도록 지원했다. 이러한 공로를 인정받아 정 대표는 2019년 무역의 날에 산업통상자원부 장관상을 받았다. 외국계 회사 직원의 수상은 드문 사례로 꼽힌다.

그가 23년간의 GE 근무를 마치고 에너지엔의 CEO로 합류한 건 2024년 1월이다. 에너지엔과는 GE의 협력업체로 만난 인연 외에도 창업주와 과거 한국중공업(현 두산에너빌리티) 출신이라는 공

"해외 원전 사업에 국내 중소기업이
핵심 기기를 직접 납품하는 건
거의 유일무이한 일입니다.
수주 규모가 워낙 커
공장 증설 등을 준비하고 있습니다."

통점도 있다.

군산자유무역지역에 있는 에너지엔은 원자력발전 플랜트에 복수기, 열교환기 및 터빈발전기 부품을 공급하는 회사다. 에너지엔은 설계, 제조, 품질 검사까지 모두 수행할 수 있는 능력을 갖춘 발전 플랜트 분야 강소기업으로 꼽힌다. 수출 비중이 90%가 넘어 국내보다는 해외에서 인지도가 더 높다. 주요 고객사는 GE, 지멘스, 프랑스 전력공사(EDF) 등이다. GE의 협력사로 오랜 기간 관계를 이어오면서 축적된 기술과 업무 매뉴얼 등에서 경쟁력을 보유하고 있다.

에너지엔은 최근 또 한 번의 도약기를 맞고 있다. 연간 매출액의 3배에 달하는 대규모 해외 수주에 성공하며 퀀텀 점프의 발판을 마련했기 때문이다. 에너지엔은 지난 4월 이집트 엘다바 원자력 발전소 프로젝트에 들어가는 1600억 원 규모 기기 계약을 러시아 국영기업 로사톰의 자회사와 체결했다.

▪ 에너지엔 대규모 수주로 퀀텀 점프

에너지엔은 이집트 엘다바 원전에 다양한 핵심 설비를 공급할 예정이다. 구체적으로는 증기를 물로 재순환시키는 복수기(Condenser), 용존 산소와 이산화탄소 등을 제거하는 탈기기(Deaerator), 습분분리재열기(Moisture Separator Reheater, MSR), 고압급수가열기(High Pressure Feedwater Heater) 등이 포함된다. 엘다바 프로젝트에서 나올 발주 물량이 더 있는 만큼 에너지엔은 추가 수주도 기대하고 있다.

엘다바 원전은 2022년 한국수력원자력이 3조 원 규모의 원전 기자재·터빈 시공 계약을 따내 화제를 모았던 현장이기도 하다. 에너지엔은 자체 기술력과 영업력을 동원해 독자 수주했다. 에너지엔의 2023년 매출액은 507억 원이다. 신규 수주 증가에 힘입어 2025년 매출액은 1500억 원으로 늘어날 전망이다. 튀르키예의 원자력 발전소에도 복수기, 열교환기, 탈기기 등 주요 기자재를 공급하고 있다.

에너지엔은 차세대 원전인 SMR[3] 생산에도 공을 들이고 있다. SMR은 전기 출력 300㎿ 이하의 소형 원자로를 말한다. 대형 원전보다 10분의 1에서 100분의 1 정도 축소된 모델이다. 냉각펌프가압기, 증기발생기 등을 일체화(모듈화)해 안전하다는 평가를 받고 있다. 전기가 끊겨도 냉각수가 저절로 식혀주는 것이 특징이다. 때마침 세계적으로 전력 수요 증가에 따라 원자력발전 시

---

3   Small Modular Reactor, 소형모듈원전.

장이 계속 커지는 추세다. 전 세계 발전량 400 GW 중 2035년까지 65~86 GW(16~21%) 정도가 SMR로 대체될 것이란 관측이 나오고 있다.

1995년 설립된 에너지엔은 플랜트 기자재 제조업체로 출발했다. 한국중공업에서 플랜트 설계 업무를 담당했던 창업주가 이 분야에 경쟁력 있는 제조 기술을 보유한 중소기업이 거의 없다는 걸 실감하면서 스스로 창업해 기술력 있는 회사를 키우겠다고 결심하면서다. 창업 목표도 국내가 아닌 세계 시장 선점에 두었다.

본격적인 성장의 발판은 역시 GE와의 거래가 시작되면서다. 2000년 GE의 품질 요구 조건에 만족하는 열교환기를 개발해 납품했다. 이후 독일의 지멘스, 일본의 히타치, 도시바 등도 에너지엔의 기술을 인정하기 시작했다. 이런 역량을 바탕으로 2009년 '3000만 불 수출의 탑'을 수상했다.

■ '칭찬 게시판'… 직원 성장에 주력

에너지엔에 합류하기 전, 정 대표는 더 높은 연봉을 제시한 기업의 제안을 거절하기도 했다. 더 의미 있는 역할을 찾아 현재의 자리를 선택했다. 에너지엔에 부임한 이후 '직원 우선'의 경영에 주

튀르키예 원자력발전소에 공급할 예정인 탈기기를 가리키고 있는 정종구 대표

력하고 있다. 출근하면 매일 사무실을 둘러보며 직원들의 동태를 살피는 게 주요 일과 중 하나다. 처음에 어색해 하던 직원들도 이제는 이러한 소통 방식에 자연스럽게 적응했다.

"점심시간이 지나면 제 책상에 누군가 슬쩍 놓고 간 커피나 초콜릿 같은 간식들이 있곤 합니다. 직원들이 이렇게 마음을 열어주는 것을 보면 참 기분이 좋아지죠."

에너지엔은 매일 아침 15분간 회의를 갖는다. 이 자리에서 가장 먼저 다루는 안건은 항상 '안전'이다. 직원들의 건강과 안전보다 더 중요한 것은 없다는 판단에서다.

"회사가 직원을 든든하게 지켜줄 때 직원들도 마음 놓고 일할 수 있습니다. 이런 신뢰를 쌓는 것이 바로 CEO의 책임이죠."

새로 도입한 '칭찬 게시판'도 임직원들로부터 호평을 얻고 있다. 말 그대로 다른 직원을 칭찬하는 공간이다. 단점보다는 장점을 보려 애쓴다는 정 대표의 평소 성향이 반영된 제도다. 이 게시판은 익명으로 운영되며 정 대표와 시스템 관리자만 열람할 수 있는 블라인드 방식을 택했다. 칭찬하는 직원과 칭찬받는 직원 모두

에게 정 대표가 금일봉이나 기프티콘 등 작은 선물을 준다. 자잘
한 재미에 불과할 수도 있지만 조직 문화에 생동감을 불어넣는 역
할을 하고 있다는 평가를 받고 있다.

"동생뻘인 임원들, 조카나 자식 또래의 직원들을 볼 때마다 이런
생각을 합니다. '어떻게 하면 이들이 더 성장할 수 있을까? 내가 무
엇을 더 해줄 수 있을까?' 이런 고민을 하는 것이 제게 주어진 소명
이라고 생각합니다."

8

에프티씨코리아

독과점의 벽을 깨는 기술 혁신

에프티씨코리아는 마영흔 대표가 1998년 외환위기 당시 설립한 정밀화학 회사로, 화학 촉매, 합성수지, 화장품 원료 등을 생산하는 기술 기업이다. 세계적으로 제조사가 2~3개에 불과한 고난도 제품을 국산화하는 데 성공해 '소재·부품·장비 강소기업 100'과 '글로벌 강소기업 1000⁺'에 선정되었다. 또한 타이어코드용 합성수지와 맥주병 코팅제 분야에서 높은 시장점유율을 보유하고 있다. 최근에는 프랑스 기업이 독점해 온 화장품 점증제 개발에 성공하여 국내 대기업과 주요 기업에 공급 중이며, 수출 비중이 70%에 달한다. 연간 25~30%의 성장세를 기록하며 2027년 매출 1100억 원을 목표로 하고 있다.

■ 국내외 독보적인 경쟁력을 갖춘 기술 기업

에프티씨코리아(FTC Korea)는 정밀화학 회사다. 사명의 첫 글자(F)
를 정밀화학(Fine Chemicals)에서 따왔다. T는 기술(Technology), C는 화
학(Chemical)을 뜻하는 말이다. 화학 촉매, 합성수지, 화장품 원료
등을 생산하는 에프티씨코리아는 국내외에서 독보적인 경쟁력을
갖춘 기술 기업으로 평가받고 있다.

주력 제품은 타이어코드용 합성수지, 화장품 소재, 첨가제와 촉
매 등이다. 에프티씨코리아에서 생산하는 아이템의 특징은 세계
적으로 제조하는 회사가 드물다는 점이다. 기술에 대한 진입 장
벽이 높아 제조회사가 두세 개 정도에 불과하다. 이러한 기술 경
쟁력을 인정받아, 2019년에는 '소재·부품·장비 강소기업 100'에,
2023년에는 '글로벌 강소기업 1000$^+$'에 선정되었다.

마영흔 에프티씨코리아 대표가 회사를 설립한 것은 외환위기
가 한창이던 1998년이다. 구조조정의 광풍 속에서 다니던 회사를
그만두고 재취업과 창업 사이에서 고민하던 끝에 창업을 선택했
다. 40대 중반을 맞아 현실적으로 창업의 기회를 놓치면 다시 얻
기 어렵다는 판단에서였다. 대학에서 화학을 전공한 마 대표는 건

축자재, 계면활성제, 염색 조제 제조사 등에서 15년간 경력을 쌓은 상태였다. 이러한 경험을 바탕으로 당시 수입에 의존하던 화학 소재 산업의 국산화를 창업 목표로 세웠다.

"화학 소재 분야에서 국내 제조업체의 기술 자립도는 매우 낮은 상태였어요. 어차피 한번 사는 인생인데 세계적으로 제조업체가 많지 않은 아이템을 국산화해 보고 싶다는 생각이 들었습니다. 무엇보다 남의 회사에서 지시받아 계획을 세우는 것이 아니라 스스로 세운 계획이 그대로 실현되는 모습을 보고 싶다는 열망이 강했습니다."

■■ 창업 동기는 화학 소재 산업의 국산화

마 대표가 창업 아이템으로 선택한 분야는 정밀화학이었다. 정밀화학은 석유화학 원료와 기초화학 원료를 활용해 각종 산업에 필요한 소재를 제조하는 산업이다.

창업 후 처음으로 국산화에 도전한 제품은 페인트 첨가제와 합성수지(고분자물질)용 촉매였다. 모든 화학 반응은 촉매를 통해 이루어진다. 하지만 당시 한국에서는 합성수지 등 다양한 화학 반응에 사용되는 촉매를 생산하는 제조업체가 거의 없었다. 페인트 첨가제 역시 대부분 미국, 유럽, 일본에서 수입해야만 했다.

4~5년의 연구 끝에 촉매 개발에 성공한 에프티씨코리아는 국내 페인트 및 합성수지 회사에 제품을 공급하며 점차 입지를 다졌다. 판로를 개척하는 데 큰 어려움은 없었다. 어차피 수입에 의존하던 제품을 에프티씨코리아가 상대적으로 저렴한 가격에 공급했기에 고객사들이 이를 마다할 이유가 없었던 것이다.

에프티씨코리아는 비슷한 시기에 도료[1]용 첨가제도 국산화하며 상업화에 성공했다. 맥주병 제조에도 에프티씨코리아의 촉매가 사용된다. 맥주병은 겉면의 흠집을 방지하고 유리의 강도를 높이기 위해 도자기에 유약을 바르듯 코팅제를 입히는데, 이 과정에서 반드시 촉매가 필요하다. 현재 에프티씨코리아는 촉매와 도료 첨가제 분야에서 국내 시장점유율 60%를 차지하며 강력한 경쟁력을 보유하고 있다.

---

1   표면을 코팅하기 위해 사용하는 액체 또는 분말 형태의 물질로 일반적으로 색상과 보호 기능을 제공하기 위해 사용됨. 주로 건축이나 자동차, 가구, 기계 및 산업 제품 등 다양한 분야에서 사용되고 있다.

■■ 독과점 누려온 글로벌 기업에 도전장을 내다

국산화 성공의 가장 큰 강점은 기술의 진입장벽이 높아 경쟁사가 적다는 데 있다. 창업 초기부터 마 대표는 개발 과정이 까다롭고, 그로 인해 가격 경쟁력이 뛰어난 아이템을 공략 대상으로 삼았다. 마 대표는 마치 '도장 깨기'처럼 난이도가 높은 분야를 찾아 끊임 없이 도전했다.

"해외 굴지의 기업이 오랜 기간 독과점의 과실을 누려온 제품이 핵 심 목표였습니다."

에프티씨코리아가 2010년에 두 번째로 개발한 제품은 고무 타 이어코드용 합성수지였다. 타이어코드는 승용차의 타이어에 들 어가는 실 모양의 소재로, 자동차 바퀴는 마치 콘크리트에 철근을 배합하듯 타이어코드[2]와 고무가 혼합된 구조로 이루어져 있다. 폐 타이어를 보면 내부에 포함된 타이어코드를 쉽게 관찰할 수 있다.

폴리에스터 등으로 만드는 부직포 형태의 타이어코드는 타이

---

2   tire cord, 타이어 내부에 삽입되어 자동차 타이어의 구조적 강도를 높이고 성 능을 개선하기 위해 사용되는 강한 섬유 또는 금속 요소.

어에 전달되는 충격과 진동을 견디고 내부 공기압을 유지하며 하중을 지탱하는 핵심 소재다. 이는 자동차의 안정성과 성능에 지대한 영향을 미친다. 특히 차량이 급회전하거나 급제동할 때 타이어의 파열을 방지하는 중요한 역할을 한다.

폴리에스터 타이어코드 제조사 중 세계 시장점유율 1위를 차지하고 있는 기업은 효성이다. 에프티씨코리아는 효성과 코오롱, 그리고 글로벌 타이어코드 회사들에 코드용 합성수지를 공급하고 있다.

에프티씨코리아가 생산하는 고무 타이어코드용 합성수지는 타이어코드를 감싸는 코팅제로, 차량용 타이어 생산 시 필수적인 역할을 한다. 타이어코드와 고무를 결합하려면 이 코팅제가 반드시 필요하다. 코팅제가 없으면 고무와 타이어코드가 제대로 접착되지 않기 때문이다.

이 제품은 유럽과 일본에 의존하던 수입을 대체하며 큰 성과를 거두었다. 타이어코드 합성수지 분야에서 스위스의 EMS가 수십 년간 세계 1위를 유지하고 있지만, 에프티씨코리아가 세계에서 두 번째로 이 제품을 개발하면서 EMS의 아성을 바짝 뒤쫓고 있다.

정밀화학 제품을 생산하는 과정을 설명하는 마영흔 대표

■■ 화장품 소재 개발해 '승부수'를 던지다

에프티씨코리아가 최근 가장 역점을 두고 있는 공략 대상은 화장품 소재 시장이다. 기술 장벽이 높으면서도 시장 규모가 커 막대한 성과를 기대할 수 있기 때문이다. 화장품 원료 시장에 본격적으로 뛰어든 계기는 코로나 팬데믹 사태였다. 2020년 화성에서 평택으로 공장을 이전하면서 설비를 새로 완공했지만, 투자 규모가 늘어난 반면 시장이 얼어붙으면서 매출이 감소하기 시작했다. 특히 자동차 시장의 위축으로 타이어코드용 합성수지 판매량이 감소하면서 어려움이 가중되었다. 이러한 상황에서 새로운 돌파구가 절실히 필요했다.

"화장품 시장은 식품, 제약, 반도체에 이어 세계적으로 네 번째 규모에 이를 정도로 엄청난 분야예요. 화학 소재 기반이어서 평소 눈여겨본 시장인데 코로나 팬데믹 위기가 오히려 연구 개발을 서두르도록 채찍질을 한 셈이죠."

로션, 영양 크림, 샴푸, 린스 등 기초 화장품에 들어가는 '점증제'[3]

---

3   Thickening agent, 화장품 특히 기초 화장품에 사용되는 성분으로 제품의 점도

는 에프티씨코리아의 대표적인 제품 중 하나다. 점증제는 크림이나 젤처럼 사용하기 편리한 질감을 제공하며, 화장품이 얼굴에서 흘러내리지 않도록 점성(끈적임)을 조절하는 역할을 한다. 땀이 나도 화장품이 얼굴에 남아 있는 것은 점증제 덕이다.

점증제 시장은 그동안 프랑스의 화장품 원료 제조업체 '세픽(SEPPIC)'이 독점해 왔다. 일본이나 독일 등의 세계적 소재 기업들조차 손을 대지 못한 고난도 분야다. 국내 화장품 제조사들 역시 세픽의 점증제를 수입해 사용해 왔다. 전 세계 시장 규모만 연간 5000억 원이 넘을 정도로 크다. 특수 품목의 점증제를 개발한 업체는 일부 있지만 세픽이 보유한 다양한 등급과 폭넓은 용도에 대응할 수 있는 제품을 개발한 기업은 현재 에프티씨코리아가 유일하다.

에프티씨코리아가 점증제 시장에 뛰어든 것은 약 5년 전부터다. 수많은 시행착오 끝에 2년 전 개발에 성공하면서 상용화에 착수했다. 현재 글로벌 입지를 굳힌 국내 제조사의 대기업과 유수 기업에 이미 공급하고 있다. 유럽 시장 진출도 조만간 본격화될 전망이다. 세계 5위 화장품 원료 회사인 유럽 C사의 테스트도 끝나서 ODM 방식의 공급을 협의하고 있다. 유럽연합의 화학물질 등록·평가·허

를 높이고 농도를 조절하는 역할을 함.

"혁신은 익숙함과 결별할 용기에서
시작됩니다. 우리는 늘 남들이 꺼리는
도전적인 길을 선택해 왔고,
고객을 먼저 생각하는
'이타심 경영'으로
위기를 기회로 바꿔왔습니다."

가 제한 규정인 'REACH 인증'[4]도 앞두고 있다. 유럽 시장 진출 여부를 가르는 열쇠다.

에프티씨코리아는 샴푸와 린스 등 헤어 케어(모발 관리)용 원료 시장도 공략하고 있다. 머리카락의 정전기를 방지하고 광택과 유연성을 제공하는 '양이온 계면활성제' 개발을 마친 상태다. 현재 헤어 케어 소재 시장은 미국의 다우케미칼이 60% 차지하고 있다. 현재 미국의 유니레버와 P&G 등에서 제품 테스트를 진행하고 있다.

"미국과 유럽의 샴푸, 린스의 원료 시장만 연간 4500억 원에 이릅니다. 품질에 거의 차이가 없는 만큼 조만간 의미 있는 점유율을 기록할 수 있을 것 같습니다."

에프티씨코리아는 점증제에 앞서 화장품용 보존제를 상용화했다. 2년 전부터 양산에 나섰다. 거의 모든 화장품에 들어가는 보존제는 화장품의 성분이 일정 기간 변질되지 않도록 하는 원료다. 특히 천연성분이나 오일이 포함된 화장품은 보존제가 있어야 장

---

4   Registration, Evaluation, Authorization and Restriction of Chemicals, 유럽 연합에서 시행하는 화학물질 규제 제도. 이 법규는 화학물질의 등록, 평가 허가 및 제한에 대한 규정을 포함하고 있으며, 환경과 인체 건강을 보호하기 위한 목적으로 설계되었다.

슈퍼 강소기업

기 보관과 유통이 가능하다. 일종의 '독성 없는 방부제' 역할을 하는 셈이다. 국내 보존제 시장만 연간 600억 원 규모에 이른다.

현재 에프티씨코리아는 국내 대기업 등에 보존제를 공급하고 있다. 이와 함께 화장품 원료의 본격적인 양산 준비를 서두르고 있다. 평택 공장 부지에 별도의 화장품 원료 설비 증설을 계획 중이다.

에프티씨코리아는 최근 5년간 매년 25~30%의 성장세를 기록하고 있다. 지난해 매출은 약 424억 원, 영업이익은 약 16%로, 수출 비중은 70%를 차지한다. 올해 매출액은 520억 원에 이를 전망이다. 화장품 원료 시장 진출을 통해 2027년까지 매출 1100억 원을 달성하는 것을 목표로 하고 있다.

▪▪ 철저한 고객 중심의 경영 전략

현재 경제 위기 상황이 계속되고 있다. 외환위기 때보다 더 어렵다는 우려의 목소리도 끊이지 않는다. 마 대표는 경제 위기 상황일수록 도전과 혁신이 중요하다고 강조한다.

"에프티씨코리아는 항상 남들이 하기 어려운 분야를 선택해서 사업화하면서 성장해 왔습니다. 돌이켜보면 위기를 돌파하는 가장 효과적인 방법이었다고 생각합니다. 그래서 지금도 늘 새로운 도전 과제를 찾고 준비하는 중이죠."

이런 마 대표의 경영전략은 철저히 고객 중심에 기반을 두고 있다. 그는 남을 이롭게 하면 언젠가는 나에게 돌아온다는 신념 아래 '이타심 경영'이 유일한 전략이라고 강조한다. 고객에게 충분한 가치를 제공하는 것이 곧 고객을 이롭게 하는 일이며, 고객으로부터 인정받아야 기업이 살아남을 수 있다는 철학에서다. 그는 직원들에게도 개인적인 성장을 위한 자기계발에 아낌없이 투자할 것을 독려하고 있다.

"기업의 본질은 성장하는 것이고, 성장하기 위해서는 반드시 혁신해야 합니다. 혁신은 낡은 것을 폐기하고 새로운 것을 만들어 변화를 추구하는 겁니다. 시대에 맞지 않는 낡은 것을 타파해야 합니다. 혁신은 과거의 나, 현재의 나, 미래의 내가 서로 겨루는 것입니다. 과거의 익숙한 나와 결별하고 새로운 가치를 창출해야 합니다."

슈퍼 강소기업

9

엔에스미디어

몰입형 경험을 주는 하이엔드 기업

엔에스미디어는 기술과 예술이 만나는 접점에서 새로운 가능성을 탐구하는 기업이다. 디지털 콘텐츠 설치 분야에서 국내 1위를 차지하고 있으며, 프로젝터 기반의 미디어 파사드와 실감형 콘텐츠 구현을 전문으로 한다. 특히 여러 대의 프로젝터를 연결해 매끄러운 대형 화면을 구현하는 '엣지 블렌딩' 기술은 국내 최고 수준을 자랑한다. 2013년부터 박물관과 관공서의 미디어 전시를 시작으로 국립민속박물관, 국립고궁박물관 등 주요 전시장의 디지털 콘텐츠를 맡아 왔으며, 최근에는 해외 시장으로도 진출하고 있다. 김경옥 대표는 '대대손손 먹고사는 기업'을 목표로 가족 채용을 허용하고 파격적인 복지제도를 운영하며, 매일 새벽 독서와 글쓰기를 실천하는 등 인문학적 소양을 바탕으로 한 경영 철학을 실천하고 있다.

■ 프로젝터 및 영상·음향 장비 전문기업

국립민속박물관에서 지난해 10월부터 열린 〈꼭두〉 전시회에는 250여 점의 인물상과 함께 벽면과 천장을 채운 다채로운 영상물이 설치됐다. 관람객의 문화 체험을 돕는 '미디어 도슨트' 역할을 하기 위해서다. 파노라마 형태의 원형 스크린을 가득 채운 화려한 등장인물의 역동적인 움직임은 외국인 관광객들로부터 '원더풀'이라는 찬사를 이끌어냈다.

국립민속박물관의 전시 공간을 영상으로 꾸민 기업은 엔에스미디어(NS Media)다. 전국의 주요 박물관과 관공서의 미디어 전시를 책임지고 있는 디지털 콘텐츠 설치 분야 국내 1위 기업이다.

엔에스미디어는 프로젝터 기반의 디지털 콘텐츠 제작과 하드웨어·소프트웨어 시스템 구축을 전문으로 한다. 여러 프로젝터와 고해상도 디지털 장비를 활용해 몰입형 전시와 '미디어 파사드(Media Facade)'를 구현하는 데 특화돼 있다. 특히 여러 프로젝터를 연결해 대형 화면의 경계선을 자연스럽게 이어 고해상도의 이미지를 매끄럽게 보여주는 '엣지 블렌딩'[1] 기술은 국내 최고 수준으로 평가받고 있다.

미디어 파사드는 건축물의 외벽을 대형 스크린이나 디지털 프로젝션으로 활용해 영상을 투사하는 예술 표현 방식이다. 조명과 영상, 음악 등 다양한 요소를 결합해 건물 외관을 하나의 거대한 캔버스로 활용하는 셈이다. 공공 예술, 축제, 이벤트, 기념일 등 다양한 목적으로 사용되며, 광고, 정보 전달, 도시의 이미지 제고 등 시각적 문화 콘텐츠의 중요한 요소로 자리 잡고 있다.

■ 국내 최고의 '엣지 블렌딩' 기술 기업

미디어 파사드를 구현할 때 핵심적으로 사용되는 기술이 바로 엣지 블렌딩이다. 엣지 블렌딩은 여러 대의 프로젝터를 사용해 하나의 대형 화면을 만드는 기술로, 화면 간의 경계 부분을 자연스럽게 연결해 하나의 완벽한 화면처럼 보이게 하는 기법이다. 이 기

---

[1] Edge Blending, 여러 대의 프로젝터를 사용해 하나의 큰 화면을 만들 때, 화면의 경계선(엣지)을 부드럽게 조정해 자연스럽게 이어지도록 하는 기술로 이를 통해 각 프로젝터의 투사 이미지가 겹치는 부분에서 밝기 차이가 최소화되어 마치 하나의 화면처럼 보이게 된다.

술을 통해 넓은 화면에서 발생할 수 있는 경계선의 이질감을 줄이고, 고해상도의 화면을 매끄럽게 표현할 수 있다.

엣지 블렌딩은 미디어 파사드, 몰입형 전시, 디지털 사이니지 등 다양한 분야에서 활용된다. 이 기술의 주요 요소로는 프로젝터 간 중첩 영역에서의 밝기를 조절해 이음새를 자연스럽게 연결하는 '중첩 구간 조정', 각 프로젝터의 색상을 일치시키는 '색 보정', 고해상도의 대형 이미지를 구현하기 위한 프로젝터의 정확한 배치와 정렬을 위한 '이미지 정렬' 등이 있다.

김 대표는 "각각의 프로젝터가 출력하는 이미지가 정밀하게 정렬되고 색상이 조화롭게 맞춰져야 하기 때문에 고도의 기술과 정교한 조정이 필요하다. 엔에스미디어는 이 분야에서 국내 최고 수준의 기술력을 보유하고 있다"라고 설명했다.

엔에스미디어는 실감형 콘텐츠를 구현하기 위해 VR(가상현실)과 AR(증강현실) 기술도 적극 활용하고 있다. 2020년 국립고궁박물관에서 진행한 〈왕실 문화 미디어월〉은 엔에스미디어와 협력사가 함께 구현한 대표적인 사례로, VR과 AR 기술을 접목해 왕실의 생활상과 문화를 디지털로 재현했다. 이를 통해 관람객은 역사적 인물과 전통을 더욱 몰입감 있게 체험할 수 있었다. 김경옥 대표는 이 작업의 의미를 다음과 같이 설명했다.

"미디어 파사드는 건축물의 구조와 디자인에 맞춘 영상 콘텐츠를 투사함으로써 공간을 예술적으로 변화시키는 특징이 있습니다. 이를 통해 건축물 자체가 예술 작품이 되어 보는 이들에게 색다른 경험과 감동을 선사하죠."

■ VR, AR 기술로 실감형 콘텐츠 제공

엔에스미디어는 일본의 NEC의 프로젝터를 판매하고 설치하던 서비스업으로 시작했다. 박물관, 관공서 등의 미디어 파사드 분야에 본격적으로 뛰어든 것은 2013년, 서울역사박물관의 영상 전시 기획 의뢰를 계기로 프로젝터를 설치하면서부터다. 그때만 해도 이 일이 엔에스미디어의 미래에 새로운 가능성을 열어줄 시작점이 될 줄은 아무도 예상하지 못했다.

이후 영상미디어 전시가 점차 유행처럼 번지면서 박물관 관계자들 사이에서 입소문이 퍼졌고, 엔에스미디어를 찾는 문의도 점점 늘기 시작했다. 대한민국역사박물관, 국립고궁박물관, 국립민속박물관 상설전시관, 덕수궁 돈덕전 개관식 행사장 등 주요 전시와 행사를 맡으며 입지를 다졌다.

"그동안 단 한 번도 홍보나 광고를 진행한 적은 없었지만 박물관 관계자들의 추천으로 영상미디어 설치 문의가 잇달아 들어오면서 전문 업체로 자리 잡게 됐어요. 현재 전국 박물관에 설치된 디지털 콘텐츠는 대부분 엔에스미디어의 작품이라고 해도 과언이 아닙니다."

박물관에만 그치지 않는다. 박두진 문학관 인터렉티브 영상 콘텐츠 제작 설치, 인천공항 디지털 체험 구간 시스템 구현, 제주비엔날레 실감형 미디어아트 전시 작품 설치, 그리고 국립생물자원관 한·메콩 생물다양성 협력 성과 특별전 등 다양한 공간에 엔에스미디어의 손길이 스며들어 있다. 의정부 공공하수처리시설과 오산시 환경사업소 홍보관 등에도 미디어월을 설치하고 VR 체험 시스템을 구축했다.

2022년에는 프랑스 파리 한국문화원에서 열린 한국 불교 문화를 알리는 〈붓다(Buddha)〉 전시회에서도 영상 아트를 선보이며 주목받았다. 이를 계기로 최근 베트남에도 진출하며 활동 무대를 해외로 넓히고 있다.

엔에스미디어의 기업 문화는 그들의 작업만큼이나 독특하다. 김 대표가 임직원에게 제시하는 사명은 '대대손손 먹고사는 기업'이다. 이는 회사 구성원은 물론 직원의 가족까지 책임진다는 의미를 담고 있다. 3년 전부터는 임직원의 가족이나 친지의 입사를 자유롭게 허용하며, 현재 사촌이나 조카와 함께 근무하는 직원도 있을 정도로 가족 중심의 문화를 형성하고 있다.

"대부분의 중소기업은 인력난이 심각해 직원 채용이 쉽지 않은 상황입니다. 이런 현실에서 가족이라는 이유로 입사를 제한하는 게 무슨 의미가 있을까 고민하게 됐고, 결국 이런 결론에 이르렀습니다. 사돈 팔촌까지 마다할 필요가 없다는 겁니다. 오히려 가족과 함께 일하면서 회사 일을 자신의 일처럼 여기는 주인의식이 생겨나길 기대하고 있습니다. 물론 부작용이 있을 수도 있겠지만, 다양한 구성원을 잘 조율하며 경영을 이어갈 계획입니다."

▪▪ 소통과 관계 중심 열린 조직 문화 지향

엔에스미디어는 대기업에 비해 녹록지 않은 중소기업의 사정을 감안하면, '복지 천국'이라 불릴 만한 회사다. 그중 하나가 전 직원 대상 해외여행이다. '대대손손 먹고사는 기업'이라는 사명에 걸맞게, 직원의 가족도 참여할 수 있다. 이는 직원들의 사기 진작과 팀워크 강화를 위한 프로그램이다. 또한 자기계발을 위해 직

슈퍼 강소기업

원들에게 매일 읽을 만한 콘텐츠를 제공하는 프로그램도 운영 중이다. 월요일부터 금요일까지 제공되는 이 프로그램은 책 읽기보다는 가독성이 높은 방식으로 구성되어 있다고 김 대표는 설명한다.

금전적인 복지도 상당하다. 팀장급 이상의 직원들에게는 법인카드를 비교적 자유롭게 사용할 수 있는 권한이 부여된다. 업무의 효율성을 높이고 직원들의 자율성을 존중하려는 취지다. 본부장급 이상의 직원들에게는 주택 구입 시 최대 7000만 원의 무이자 대출을 지원하고 있다.

"현재의 복지제도 수준은 여전히 부족하다고 생각합니다. 앞으로도 계속 개선하고 업그레이드하기 위해 노력하고 있어요. 직원들이 이러한 노력을 알아주지 않아도 크게 신경 쓰지 않습니다. 단 한 사람이라도 이를 고마워하는 직원이 있다면 그걸로 충분하다고 생각해요."

김 대표는 수직적인 실행력과 수평적인 문화를 조화롭게 유지하는 데 주력하고 있다. 모든 구성원이 자유롭게 아이디어를 공유하고 기여할 수 있는 열린 조직 문화를 지향한다.

신입사원이 빠르고 자연스럽게 적응할 수 있도록 체계적인 매

"기술로 감동을 전하고 사람을 통해
혁신을 이루는 것이 엔에스미디어가
추구하는 경영 철학입니다.
프로젝터 기반 디지털 콘텐츠로
관람객들에게 새로운 문화 경험을
선사하고 있지만, 이 모든 것을
가능하게 하는 건 결국 사람이라고 믿습니다.
'규율 위의 자율', '진지함 속의 위트',
'스타보다 팀워크', '열심만큼 성과'.
이 네 가지 가치는 우리의 믿음을 담은
약속입니다."

뉴얼과 온보딩[2] 프로세스를 마련해 운영 중이다. 모든 직원이 회사의 비전과 목표를 공유하며 함께 성장할 수 있는 환경을 조성하려는 노력의 일환이다. 김 대표가 구성원들에게 요구하는 핵심 가치는 '규율 위의 자율', '진지함 속의 위트', '스타보다 팀워크', '열심만큼 성과' 등 네 가지다. 이러한 경영 철학은 특히 심리학자 칼 로저스[3]의 이론에 큰 영향을 받았다. 로저스는 인간이 잠재력을 최대한 발휘할 수 있는 환경을 조성하는 것이 중요하다고 믿은 학자다.

"로저스의 접근법은 진정성과 신뢰를 바탕으로 한 상호 소통을 강조합니다. 제 경영 원칙 역시 로저스의 사상에서 큰 영향을 받았습니다. 모든 직원이 긍정적인 업무 환경에서 개방적이고 신뢰할 수 있는 관계를 형성할 수 있도록 많은 노력을 기울이고 있습니다. 로저스는 개인의 지속적인 성장과 발전을 중요시했으며, 이러한 철

---

2   Onboarding, 새로운 직원이나 고객이 조직이나 제품에 익숙해질 수 있도록 지원하는 과정을 의미한다. 이 과정은 새로운 사람들에게 필요한 정보와 도구를 제공해 빠르게 환경에 적응하고 효율적으로 일할 수 있도록 돕는 것을 목표로 한다.

3   Carl Rogers, 미국의 심리학자로 인본주의 심리학의 선구자이자 인간 중심 치료의 창시자로 알려져 있다.

학을 반영해 저는 독서, 건설적인 피드백, 그리고 자유로운 스터디 기회를 통해 직원들의 성장을 적극적으로 지원하고 있습니다."

김 대표는 다독가(多讀家)이기도 하다. 매일 새벽 4시 30분에 일어나 공부, 독서, 글쓰기를 꾸준히 실천하고 있다. 벌써 10년 넘게 이어오고 있는 루틴이다.

"20대에 사업을 시작한 이후 결혼과 세 아이의 출산과 양육을 거치며 어느 순간 탈진을 경험했습니다. 그런 제게 책과 글쓰기는 우연히 찾아온 축복 같은 존재였습니다. 백지를 마주하며 느꼈던 자유로움은 사람을 대할 때와는 또 다른 기쁨을 주었고, 과거와 현재 사이에 놓여 있던 미련과 집착을 하나씩 내려놓게 해주었어요. 이를 통해 삶을 다시 재정립할 수 있었습니다. 이제 책을 읽고 글을 쓰는 일은 제 일상이 되었고, 삶의 활력을 되찾게 해줍니다. 덕분에 더 많은 사람에게 다가갈 수 있는 힘도 얻었어요. 글에는 정말 큰 힘이 있다는 것을 깨달았습니다."

슈퍼 강소기업

■■ 사람이 최우선, 인문 경영으로 행복 극대화가 목표

김 대표는 하루에 만 보 이상 걷거나 뛰는 것을 꾸준히 실천하고 있다. 집(김포 감정동) 근처의 황화산도 매일 오르내리며 건강을 관리한다. 또 산악회에 가입해 매달 한 번 전국의 산을 탐방하며 자연과 교감하고 있다.

"새벽 기상과 등산을 통해 자연과 교감하면서 내면의 평화와 균형을 유지하는 데 큰 도움을 받고 있어요. 이런 자기 관리가 긍정적인 에너지를 주며, 바쁜 삶 속에서도 마음의 고요함을 유지하게 해줍니다. 이를 통해 삶에서 평정심과 행복을 찾을 수 있었습니다. 저는 대표가 행복감을 느껴야 직원들에게도 좋은 에너지를 줄 수 있다고 믿어요. 이런 행복감이 직원, 고객, 그리고 사회로 이어지기를 기대합니다. 이익의 극대화보다는 행복의 극대화를 목표로 하는 사업체로 키우고 싶어요."

김 대표는 주변 지인들과 이런 경험을 공유하려고 CEO 인문 독서 모임을 만들어 이끌고 있다. 좋은 책이야말로 인생의 길을 안내해 준다고 믿기 때문이다. 또 미혼모와 한부모 가정을 대상으로 자기계발을 돕는 프로그램도 운영 중이다. 최근에는 몸이 아파

퇴사했던 직원이 백혈병에 걸렸다는 소식을 듣고 치료비에 보태라며 선뜻 1000만 원을 지원하기도 했다.

"지금까지 작은 선행을 이어왔지만, 여전히 부족하다고 느낄 때가 많습니다. 그러나 신부 이태석의 전기를 읽으며 '한 사람을 살린 것이 세상을 살린 것이다'라는 말에 큰 용기를 얻었어요. 내가 할 수 있는 만큼만이라도 꾸준히 기부하자는 다짐을 하게 되었고, 앞으로도 이 마음을 멈추지 않을 거예요. 기부금을 더 늘려 소외된 이들이 미소를 지으며 '이 세상 그래도 살만 하구나'라고 느끼길 바랍니다. 그들이 행복할 수 있다면 저 또한 큰 보람을 느낄 것 같아요. 저는 사랑을 참 많이 받으며 살아왔어요. 이제 그 사랑을 세상에 다시 돌려주고 싶습니다."

이익의 극대화보다는
행복의 극대화를 꿈꾸는 김경옥 대표

10

엘림디엠피

가벼운 혁신으로 미래를 움직이다

엘림디엠피는 2009년 창립한 복합 소재 기반의 모빌리티 솔루션 제공 업체다. '사막의 오아시스 같은 기업이 되자'는 의미를 담아 설립된 엘림디엠피는 복합 소재를 활용한 혁신적인 자동차, 항공기 부품 제작에 중점을 두고 있으며, 지속적인 기술 개발을 통해 자동차와 항공 분야로 사업 영역을 확장해 왔다. 주요 제품으로는 경량화가 중요한 전기차 및 드론의 복합재 차체와 부품, 그리고 자율주행차와 같은 최첨단 모빌리티 솔루션이 있다. 또한 자율주행 기반의 도심 공유형 모빌리티와 PRT 무인 궤도열차 개발을 통해 국내 최초로 관련 기술을 상용화했다.

■■ 진짜 성장을 위한 매출 목표치 하향

2023년 겨울 어느 밤, 김영수 엘림디엠피 대표는 경기 화성에 있는 사옥 겸 공장에서 늦게까지 업무를 처리하고 있었다. 납기일을 맞추기 위해 직원들도 며칠째 밤샘 작업을 이어가고 있었다. 사무실에 있던 김 대표는 잠을 깰겸 공장을 한 바퀴 돌았다. 그런데 그의 눈에 일하다가 졸고 있는 직원들이 들어왔다.

"일감이 쌓이다 보니 저나 직원들이나 밤을 참 많이도 새웠습니다. 공장을 순회하다가 40~50대 직원들이 꾸벅꾸벅 조는 모습을 보니 가슴이 무척 아프더군요. 이대로 두면 안 되겠다고 생각했습니다. 저도 힘든데, 직원들은 얼마나 더 힘들면 저렇게 졸기까지 할까 싶었어요."

고민에 빠진 김 대표는 임원 회의를 소집했다. 마침 2024년 사업 계획을 세우는 시기였다. 김 대표와 임원들은 고심에 고심을 거듭한 끝에 목표 매출을 하향 조정하기로 했다. 일반적인 회사라면 없던 매출도 억지로 만들어내려 했을 텐데, 엘림디엠피는 오히려 몸

"우리는 지난 15년간 쉼 없는 도전과
성장의 길을 걸어왔습니다.
기업의 진정한 성장은 과도한 외형
확장이 아닌 내실 있는 기반 구축에서
시작되는 것 같아요.
이제는 양적 성장보다 질적 성숙에
초점을 맞추어 기업의 근간이 되는
시스템을 견고히 다지려고 합니다.
2024년 매출 목표를 30% 조정한
이유이기도 해요."

집을 줄이겠다는 결단을 내렸다. 이는 매우 이례적인 결정이었다.

"일이 많은 상태에서는 회사 체질 개선이 어렵다고 판단했습니다. 우리는 지난 15년간 앞만 보고 달려왔어요. 이제는 일감을 줄여서라도 시스템을 안정화하는 것이 우선이라는 결론을 내렸죠. 그래서 2024년 매출 목표를 30% 내렸습니다."

엘림디엠피는 2022년과 2023년 연속으로 160억 원대 매출을 거뒀다. 매출 목표를 낮추자 곳곳에서 긍정적인 변화가 나타났다. 야근과 주말 근무가 줄어들면서 직원들의 피로도가 눈에 띄게 감소했다. 업무 집중력도 높아져 생산성이 올라갔다. 초과 근무가 줄어들어 인건비도 절감되었다. 영업 이익률은 오히려 올라갔다.

가보지 않은 길을 갈 땐 김 대표 자신도 덜컥 겁이 났다. 하지만 결정한 것을 실행에 옮긴 결과가 나쁘지 않았다. 다 함께 결정한 일이다. 다만 이 과정에서 일부 직원은 회사를 떠나기도 했다. 야근 등 추가 수당이 없어졌기 때문이다. 어쩔 수 없는 일이기도 하다. 김 대표는 일하는 시간을 줄여 생산성이 올라간 만큼 직원들의 처우를 어떻게 개선할 수 있을까를 현재 고민하고 있다.

한번은 이런 일도 있었다. 생산 부문의 핵심 인력이 퇴사하게 된 적이 있었다. 김 대표도 모르는 사이에 퇴사가 결정났다.

"저도 처음에는 퇴사하게 된 과정을 잘 모르고 있었어요. 알고 보니 팀장과 실장들이 회의를 통해 함께 일하기 어렵다는 결론을 내리고 자연스럽게 퇴사를 유도한 것이었습니다. 구성원들의 신중한 판단이었기에 저도 그 결정을 존중할 수밖에 없었죠. 회사 운영의 자율권을 보장하려 노력해 왔는데, 이런 상황을 접하면서 저의 생각도 유기적으로 변할 수밖에 없더라고요. 아니, 변해야 살아남습니다."

■■ 자율성

김 대표는 2009년 엘림디엠피를 창업했다. 대주주인 김 대표 외에도 4명이 함께했다. '엘림'은 히브리어로 큰 나무라는 뜻이다. 이스라엘 민족이 출애굽하는 과정에서 만난 오아시스 이름이기도 하다. 회사명에 있는 '디엠피(DMP)'는 'Dream Mobility Provider'의 약자로 정했다.

김 대표는 "창업 당시 구성원들과 함께 콘테스트를 열어 회사 이름을 지었다"며, "사막의 오아시스 같은 기업이 되자는 꿈을 사명에 담았다"고 설명했다.

김 대표는 창업 직전 현대·기아차의 R&D 협력업체에서 16년

슈퍼 강소기업

을 근무했다. 하지만 대표이사가 투자를 잘못하면서 회사가 문을 닫는 상황까지 갔다. 김 대표를 포함한 임직원들은 졸지에 길거리로 나앉게 됐다.

"회사에서 4개월가량 임금을 받지 못했어요. 결국 나올 수밖에 없었죠. 직원들이 뿔뿔이 흩어질 운명이었지만, 다른 곳으로 가지 말고 우리끼리 힘을 모아 새로 시작해 보자고 의기투합했죠. 그렇게 엘림디엠피가 시작되었습니다."

회사 로고에 있는 기둥 5개는 김 대표를 포함한 5명의 창업 멤버를 상징한다. 김 대표와 창업 동지들은 월급날 월급이 밀리지 않고 제때 줄 수 있는 회사를 만들자고 굳게 다짐했다.

2009년 그렇게 닻을 올린 김 대표와 창업 멤버들은 15년이 훌쩍 지난 지금도 회사에서 최고경영자(CEO), 경영총괄, 기술총괄, 설계총괄, 제작총괄 등 각자의 자리에서 같은 길을 묵묵히 걷고 있다.

"지금까지 창업 멤버 한 명도 낙오하지 않고 함께 올 수 있었던 것은 가장 먼저 돈 문제가 없었기 때문인 것 같습니다. 우리는 모든 것을 서로 투명하게 공개하고 있어요. 매입, 매출, 지출 등은 모두

CFO의 승인을 받도록 하고 있습니다. 이를 위한 견제 장치도 마련했습니다.

엔지니어 출신인 저도 경영을 잘 몰라 야간대학에서 경영학을 공부하기도 했어요. 90여 명의 임직원 중 20~30명은 최소 10년 이상 함께 근무한 사람들입니다. 이것이 우리 회사의 원동력이죠."

중요한 의사결정을 내릴 때 김 대표는 투표권이 없다. 다만 이사들 간 찬성, 반대 숫자가 같으면 김 대표가 최종 결정권을 갖는다. 캐스팅 보트 역할을 하는 셈이다. 서로를 평가하는 시스템도 만들었다. 물론 대표이사에 대한 평가는 이사들이 한다. 2024년부터는 기존의 거수 방식에서 무기명으로 평가하도록 한 것이 변화라면 변화다. 투명 경영과 견제, 그리고 소통을 위한 시스템을 잘 갖춰놓은 셈이다.

■■ 사업

엘림디엠피는 설립 초기엔 자동차 디자인 목업(mock-up)을 제작하는 회사였다. 실물모형이라고도 불리는 목업은 실물과 비슷하게 제작한 것으로 자동차 모터쇼에서 흔히 볼 수 있다.

당시 국내 목업 업계에는 엘림디엠피 외에도 6~7개 회사가 있었다.

"우리는 현대차 2차 벤더로 시작해 3년 만에 1차 벤더가 됐어요. 현재 목업 관련 매출은 회사 전체 매출의 40~50%를 차지하고 있습니다."

자동차 목업은 스틸이나 일반 수지로 만드는 것이 일반적이다. 하지만 이러한 소재는 무겁거나 변형이 심하다는 단점이 있었다. 김 대표와 엘림디엠피는 기존 방법을 고수하지 않았다. 변화가 필요했다. 도전에 도전을 거듭한 끝에 탄소섬유를 이용한 첨단 복합 소재인 CFRP[1]를 활용한 목업을 제안했다.

김 대표는 "새로운 것에 도전하는 게 우리와 같은 후발주자들에겐 중요했다. 없던 것을 창조하진 못했지만, 기존 소재들을 다양하게 응용하는 과정에서 CFRP가 적합하다는 판단을 내렸다. 현재는 알루미늄과 CFRP를 같이 쓰기도 한다. 지금은 복합 소재를 활용하는 공법으로 제품의 60~70% 정도를 만들고 있다"고 설

---

1   Carbon Fiber Reinforced Plastics, 탄소섬유와 폴리머 매트릭스가 결합된 복합 재료로, 높은 강도와 경량성을 제공한다.

명했다.

엘림디엠피의 도전은 적중했다. 전기차가 점점 많아지면서 배터리 무게를 상쇄하기 위한 차체 경량화가 핵심 과제가 되고 있다. 자동차뿐만 아니라 드론, 도심항공교통(UAM) 등 하늘을 나는 이동 수단도 무게가 곧 경쟁력이다. 가격이 비싼 슈퍼카는 차체의 70~80%를 복합 소재로 만드는 것으로 알려졌다.

마침 복합 소재의 핵심 재료인 탄소섬유는 수요가 폭발적으로 늘어나고 있음에도 불구하고, 기술 발전과 생산 효율 향상으로 인해 가격은 점점 하락하고 있다. 본격적으로 양산할 수 있는 환경까지 갖춰지고 있는 셈이다.

엘림디엠피는 복합재 차체, 하이브리드 복합재 부품, 복합재 융합 부품, 하이브리드 복합재 튜브 등을 모두 양산할 수 있다.

서울 청계천을 운행하는 자율주행차도 엘림디엠피가 개발한 것이다. 부품 설계부터 제작, 차량 개조와 제작에 이르기까지 모든 공정을 직접 수행했다.

이를 통해 엘림디엠피는 자율주행 기반의 도심 공유형 모빌리티 컨셉 개발 노하우까지 축적하게 됐다.

국내 최초의 소형무인궤도열차(PRT, Personal Rapid Transit) 역시 엘림디엠피가 복합 소재를 이용해 만들었다. 엘림디엠피는 자동차 산업을 넘어 항공 분야로까지 사업 영역을 넓혔다.

"처음엔 항공기 목업 제작부터 시작했습니다. 그러다 복합 소재 노하우가 쌓이면서 영역을 점점 넓힐 수 있었어요. 한국항공우주산업(KAI)의 1차 협력사 명단에도 이름을 올릴 수 있었습니다."

엘림디엠피는 실제 항공기 개발에 필요한 성능 평가용 전기체 레벨 시험체도 개발했다. 여기에는 알루미늄 프레임과 탄소섬유·복합 재료가 적용됐다. 비행기 조종사들이 조종 훈련을 하는 비행 시뮬레이터도 엘림디엠피의 기술력으로 탄생시켰다. 회사는 복합 재료와 관련해 다양한 정부 과제도 진행하며 블루오션 시장에서 점점 기반을 다져나가고 있는 중이다.

복합 재료 분야에서 축적한 노하우는 자연스럽게 부품 사업으로까지 이어지고 있다. 자동차 커스터마이징 부품들이 대표적이다. 이는 자동차 규격에 적합한 Class A 복합 재료 부품 생산 기술들을 보유한 엘림디엠피 화성공장의 기술자들이 있기에 가능한 일이다.

화성공장은 성형을 위한 오토클레이브, 2D Ply 커터, 복합 재료 적층실, 금형 가공 및 부품 트리밍을 위한 머시닝 센터, 로봇 트리밍 머신, 대형 열처리 도장부스, 3D 프린터, CFRP 전용 프레스 머신 등 다양한 장비를 갖추고 있다. 이를 통한 프로토 개발부터 양산까지 100% 자체 수행이 가능하다.

김 대표는 "태양광 패널에 복합 소재를 적용해 무게는 줄이고 효율은 높이는 연구 개발도 진행하고 있다. 이를 위해 이스라엘도 다녀왔다. 미래 먹거리의 하나가 될 수 있다고 본다. 복합 소재를 양산하는 공법도 다양한데, 정부 과제를 통해 최적의 방안을 도출하고자 연구하고 있다"고 전했다.

■■ 중소기업의 핵심 자산은 '사람'

중소기업에서 가장 중요한 것 중 하나가 바로 '사람'이다. 김 대표는 사람을 위해 인천 송도에 R&D센터를 만들었다. 엘림디엠피의 복합 소재 연구를 위한 '메카'다.

> "초기만 해도 복합 소재가 전체 매출에서 차지하는 비중이 10% 정도밖에 되지 않았어요. 하지만 10년이 지난 지금은 그 비중이 60%까지 증가했습니다. 관련 연구 인력 충원도 많이 하고 있어요. 인재를 찾아가기 위해 연구소를 송도에 세웠습니다."

김 대표는 송도연구소에 최대한 자율권을 주고 있다. 출퇴근도 탄력적이다. 상하보다는 수평 구조를 지향한다. 송도에 있는 대표

사람을 가장 중요하게 여기는 김영수 대표

이사실은 직원들의 회의 전용 공간이 됐다. 대표 전용 주차공간도 직원들에게 개방했다.

김 대표는 "사내 제도는 (송도) 구성원들 스스로 만들도록 했다. 그 공간만의 규칙도 알아서 정하면 된다. 실장들이 전체를 끌고 갈 수 있도록 했다. 난 관여하지 않으려고 노력한다. 불필요한 간섭을 하지 않는 게 제일 아니냐"며 웃었다.

화성에 있는 공장은 대부분의 중소기업이 겪고 있듯이 사람 구하기가 쉽지 않은 실정이다.

"인구가 줄고 일할 사람이 없는데 어쩔 수 없는 것 아닐까요. 자동화 공정을 늘린다고 해도 사람은 필요합니다. 그나마 외국인 인력 채용에 희망을 걸고 있어요. 외국인 직원들을 위해 한국어도 교육하고 있습니다. 우선은 생산 효율화를 위해 외국인에겐 한 공정만 숙달시키고 있어요."

김 대표는 임직원들이 성취욕을 얻을 수 있도록 하는 것에 집중하고 있다.

"구성원들이 만족감과 성취감을 얻을 수 있는 환경을 구성하려고 노력하고 있습니다. 오너 중심의 기업은 이제 버티기 어려워요. 본부별로 운영의 자율권을 주는 것도 이런 이유 때문입니다. 경영자의 가장 중요한 역할은 직원 개개인이 회사에서 무엇인가를 펼칠 수 있는 환경을 만들어주는 것이라고 생각합니다. 그래야 기업이 존속할 수 있어요."

11

오픈놀

청년 플랫폼을 넘어 글로벌 콘텐츠 기업으로

오픈놀은 개개인의 잠재력을 발견하고 이를 성장의 기회로 연결하는 플랫폼이다. 2012년 청소년 진로 교육으로 첫발을 내디뎠을 당시에는 직원 10명, 매출 300만 원의 작은 회사였다. 하지만 AI 기반 실무 과제 평가 플랫폼 '미니인턴'을 주력 사업으로 성장하며 2023년 코스닥 상장이라는 결실을 보았다. 이제는 청년과 시니어를 아우르는 교육·취업 서비스는 물론, 17개의 공유 공간 운영과 600억 원 규모의 투자 펀드 운용까지 사업 영역을 넓혔다. 2023년 251억 원의 매출을 달성한 오픈놀은 현재 인도, 미국 등 해외 시장 진출을 준비하며 새로운 도약을 꿈꾸고 있다.

■ 300만 원으로 시작해 코스닥까지

권인택 대표가 오픈놀을 창업한 2012년, 회사의 시작은 미약했다. 청소년 시절부터 과정 중심의 이력을 만드는 것이 중요하다고 생각해 고등학교를 대상으로 청소년 진로 교육을 무료로 진행했다. 그러던 중 한 학교에서 수고비로 300만 원을 줬다. 그것이 회사의 첫 매출이었고, 당시 직원은 10명이나 있었다.

사업 방향은 맞았다. 정부에서도 진로 교육을 정책적으로 권장하면서 시장도 열리는 듯했다. 하지만 해당 아이템으로 회사가 성장할 수 있을지는 의문이었다.

이때 권 대표는 창업 초기에 세웠던 핵심 가치로 돌아갔다. 꿈을 찾지 못하는 이들에게는 '진로 인식'을, 방향을 고민하는 이들에게는 '진로 탐색'을, 목표가 뚜렷한 이들에게는 '경력 설계'를 제공한다는 것이었다.

이러한 가치를 바탕으로 사업 영역을 청소년 진로 교육에서 취업, 창업 분야로 확장해 나갔다. 그 결실이 바로 오픈놀의 대표 서비스이자 인공지능(AI) 등 핵심 기술을 접목한 '미니인턴'이다.

"미니인턴은 스펙이 아닌 실무 역량으로 인재를 평가하는 새로운 채용 플랫폼입니다. 기업이 실제 업무와 관련된 프로젝트를 온라인으로 제시하면, 구직자들은 2주 동안 이를 수행하며 자신의 실력을 증명합니다. 말 그대로 실무의 핵심만 담아 단기간 진행되는 인턴십인 셈이죠. 이를 통해 기업은 실무에 바로 투입할 수 있는 검증된 인재를 발굴할 수 있습니다."

미니인턴은 기존 채용 시장과는 다른 접근법을 택했다. 지인 추천이나 경력 위주의 평가, 인맥 기반 매칭이 아닌 실제 직무 수행 능력을 중심으로 인재를 평가한다. 특히 연차나 경력 대신 프로젝트 결과물을 통해 지원자의 실력과 성장 가능성을 직접 확인할 수 있다는 점이 특징이다.

이는 기업의 채용 비용 절감에도 큰 도움이 된다. 대기업의 경우 신입 직원 한 명을 뽑아 연수시키는 데만 연간 6000만 원가량을 투자한다. 반면 중소기업은 그만한 여력이 없어 처음부터 실무에 투입 가능한 인재가 필요하다. 권 대표는 미니인턴이 바로 이런 사회적 비용을 줄이면서도 실무에 최적화된 인재를 찾을 수 있는 해법이라고 강조한다.

기업이 내는 프로젝트는 아주 현실적인 질문들로 구성되어 있다. 현재까지 5만 개 정도가 쌓였다. 여러 부문을 포괄하고 있어

취준생이나 인재를 찾으려는 기업들의 만족도가 매우 높다. 미니 인턴을 통한 채용률은 평균 17% 정도이며, 어떤 시기에는 20%가 넘기도 한다.

기업 입장에서는 퍼포먼스를 알 수 없는 스펙보다 프로젝트를 통해 지원자의 실무 역량을 직접 확인할 수 있다는 점이 가장 큰 매력이다.

직무별 대표 질문을 사례로 들면 다음과 같다.

- 20대 고객 대상 숙취해소제 상품의 강점 홍보 및 매출 전환을 위한 마케팅 기획(마케팅)
- 전통적인 B2B 제조업이 B2C 중심의 유통기업으로 전환하기 위한 전략 수립(기획)
- 온라인 뉴스레터 이메일 발송 RPA 프로세스 제작(개발)
- 수시 채용에서 역량을 파악하기 위한 면접 방법 기획(인사)

오픈놀이 2019년부터 2022년까지 미니인턴 프로젝트에 참여한 1056건을 분석한 결과 산업별로는 기술 융합(15.2%), 교육(9.9%), 헬스케어(9.7%) 산업 부문이 가장 많았다. 이외에 콘텐츠·소셜(9.1%), 식음료·농업(8.8%), 광고·마케팅(7.9%), 패션·뷰티(6.5%), 생산·제조(6.5%), 이커머스·물류(6.4%) 등의 순으로 나타났다.

■■ 오픈놀의 확장성, 글로벌 콘텐츠 기업으로

올해로 13년째 오픈놀을 이끌고 있는 권 대표는 사업에 관한 한 확고한 신념을 갖고 있다. 1984년생으로 코스닥 상장사 CEO 중에선 꽤 젊은 축에 드는 나이지만, 고민에 고민을 거듭한 결과가 고스란히 녹아 있다.

"기업은 영속성이 분명해야 합니다. 그러기 위해선 시장에 선보인 브랜드의 피로도가 빠르게 나타나면 안 되죠. 유저들이 몇 개월 쓰다 피로도가 쌓여 갈아타는 것은 브랜드 가치가 없기 때문이에요. 특히 아무리 좋은 제품이나 서비스라도 내수 시장에서만 통하는 것이라면 만들지 않는 게 낫습니다."

해외 시장에 주목하고 있는 권 대표는 오픈놀의 사업 영역을 청소년, 청년, 시니어 중장년, 해외 등 사실상 유아·소년기를 제외한 대부분의 생애주기로 확장했다. 서비스 영역도 디지털 교과서, 기업가 정신 교육, 대학생·유학생 대상 취업 교육 및 일자리 매칭, AI 일자리 매칭, 대기업 은퇴자 ERP 서비스, 외국인 채용 디지털 사이니지 등으로 다각화했다. 간판 서비스인 미니인턴 외에도 온라인 이력 관리 서비스 '오폴리오', 교육 콘텐츠 플랫폼 'M클래스',

슈퍼 강소기업

자기만의 스토리와 일 경험이 스펙을 이기는 사회를 구축하고 있는 권인택 대표

맞춤형 취업 스케줄 서비스 '오플래너'(예정) 등을 운영하고 있다.

"국내외에서 안정적으로 성장해 나가기 위해선 콘텐츠 중심의 서비스가 답이에요. 유저가 콘텐츠를 공급하고, 또 다른 유저가 그 콘텐츠를 필요로 하는 마켓플레이스를 오픈놀이 만들어갈 겁니다. 해외 사업은 시니어, AI 등 사업 영역에 비해 지금은 성장률이 높지 않지만 향후 기대가 매우 큰 시장이에요. 인도, 미국, 우즈베키스탄이 현재 타깃 1순위 국가입니다."

오픈놀의 사업 확장은 직원과 고객의 니즈로부터 시작했다. 직원들에게 회사의 비전을 물었더니 '부동산'이라는 답이 나와 창업자 등을 위한 '공유 공간'을 운영하기 시작했다. 현재 서울 목동의 서울청년창업사관학교, 구로의 글로벌창업사관학교 등 17곳의 공간을 운영 중이다. 또 이 공간을 통해 접한 스타트업 등 청년 창업가들이 투자 유치에 목마른 것을 보고 창업투자회사도 만들었다. 현재 운용하는 펀드 규모만 600억 원이다.

'개인의 가치를 찾아주는 회사'라는 비전 아래 오픈놀은 사람, 교육, 공간, 투자, 해외 등으로 사업 영역을 확장했다. 최근에는 '클라우드 관리 서비스 제공자(MSP)'에도 관심을 두고 있다. 이 역시 AI 시대에 기업들의 요구가 커지는 분야다. 이를 위한 친환경

데이터센터 구축도 계획하고 있다.

■ 실무 경험 중심의 채용 트렌드를 선도하다

오픈놀은 청소년 진로 교육에서 아이템을 찾아 태동한 회사다. 권 대표가 관련 아이템을 고민하던 초기만 해도 회사까지 만들 생각은 없었다. 하지만 2012년 간판을 내건 오픈놀은 초고속으로 성장하며 11년 만인 2023년에는 코스닥에 상장까지 했다.

"대학을 졸업한 뒤 포스코 인사팀에서 근무했어요. 인사팀이다 보니 사원 채용 과정을 비교적 자세히 볼 수 있었죠. 그렇다고 어떻게 뽑는 것이 최선인지까진 알지 못했습니다. 다만 자기소개서나 스펙만으로 기업이 사람을 평가하고 채용하는 것에 대한 원천적인 물음이 생기더라고요. 기존의 채용 구조로 과연 필요로 하는 인재를 기업이 제대로 뽑을 수 있을까. 결국은 '실무 경험'이 중요해요."

권 대표의 예상은 적중했다. 대부분의 대기업이 이미 신입사원 공채를 없앴다. 대신 수시 채용이 늘고 있다. 특히 신입보다 경력직 채용이 증가하고 있다. 안타까운 일이지만 고등학교나 대학을

"시장의 틈새는 늘 불합리한 곳에서
발견됩니다. 인사팀 경험을 통해
깨달았습니다. 기업과 인재를 잇는
방식이 잘못되었다는 것을요.
실무 능력이라는 본질은 뒤로한 채
스펙이라는 껍데기만 보고 있었죠.
이 간극을 플랫폼으로 해결한 것이
우리의 성공 비결입니다."

졸업한 취업 준비생들이 사회에서 첫 경력을 쌓을 수 있는 기회는 점점 줄어들고 있다.

그의 예상대로 노동 시장은 빠르게 변화하고 있다. '일 경험'이 더욱 중요해지고 있다. 'N잡러'도 늘고 있다. 기존 노동 시장의 해체라고도 볼 수 있다.

스펙만으로는 일을 잘하는지 알 수 없다는 것이 권 대표의 지론이다. 스펙보다는 일에 대한 경험이 필요하다. 취준생이 기업의 업무를 미리 경험해 보는 '일 경험'이 중요하며, '일자리' 말고 '일거리'와 '일 경험'이 대세가 될 것이라고 전망했다.

권 대표도 한때는 스펙을 위해 살았다. 삼수를 해 대학에 들어갔고, 군대를 다녀와서는 주전공 외에 2전공, 3전공을 하며 공부에 열중했다. 학점도 꽤 높았다. 3학년 2학기에는 조기 졸업 요건도 갖췄다. 대학에 다니는 동안 자격증도 20개 정도 취득했다. 모두 스펙 때문이었다.

대학 시절 '학문, 종교, 여행, 이성, 돈'이라는 5대 미션을 정해 미친 듯이 열심히 살았다. 대학을 조기 졸업한 뒤 대기업인 포스코에 입사한 후에도 회사의 요구에 따라 공대 수업을 들으며 코딩을 배우고 기술도 습득했다. 권 대표에게도 이런 스펙만 지향했던 시간이 있었다.

이러한 개인적 경험을 토대로 권 대표는 고등학생들을 대상으로 '오픈놀 동아리'를 만들어 진로 상담과 다양한 봉사 활동 기회를 제공하면서 회사의 첫발을 내디뎠다.

■■ CEO와 조직

권 대표는 오픈놀 본사나 계열사 사무실 어디에도 본인 책상이 없다. 대중교통으로 하루에 두세 곳을 이동하며 업무를 보거나 비즈니스 미팅을 한다.

"사무실에 제 책상을 두는 순간 그곳만 갈 것 같아서 그렇게 하질 않고 있어요. 오픈놀은 '개인의 가치를 찾아주는 회사'를 지향합니다. 자기만의 스토리와 일 경험이 스펙을 이기는 사회를 만들어나가는 것이 꿈이죠. 어떻게든 이와 같은 핵심 가치는 잃지 말자는 게 우리의 다짐이에요. 변화에 빠르게 대응하고 성장을 모색하기 위해 사업별로 조직을 작게 자르고, 소통 등을 위해 성을 쌓지 않는 데도 중점을 두고 있습니다."

권 대표는 '조직도를 연필로 그려라'는 말을 직접 실천하고 있다. 이 문장은 연필로 그려야 조직도를 신속하게 바꿀 수 있다는

슈퍼 강소기업

의미다. 실제로 조직도를 자주 바꾼다. 또 작은 조직이 살아날 수 있다고 생각한다. 오픈놀을 17개 부서로 쪼갰다. 그중 16개가 사업부서로, 부서원이 실제 창업한 것처럼 움직이게 하는 것이 목적이다. 사원 채용도 부서가 주도적으로 한다.

오픈놀 입사자들은 회사로부터 '나는 무엇에 동기부여가 되는가?'라는 내용의 질문지를 가장 먼저 받아든다. 여기에는 나를 존중해 주는 사람들과 일하기, 흥미로운 업무, 자기계발의 기회, 효율적인 경영자, 너무 쉽지 않은 업무, 직업의 안정성, 높은 급여, 훌륭한 복지 등 13가지 항목이 담겨 있다. 이들 항목을 보고 자신이 가장 중요하게 생각하는 순서대로 순위를 매기면 된다.

직원들의 동기는 급여, 복지, 비전, 문화 네 가지로 나뉘며, 이에 따라 적합한 부서에 배치된다. 예를 들어 급여가 가장 중요한 직원은 야근이나 주말 근무 등에 긍정적이다. 이런 직원은 추가 근무가 많은 부서에 배치해 충분한 인센티브를 받을 수 있도록 한다. 또 '저녁이 있는 삶' 등 워라밸을 중요하게 생각하는 직원은 상대적으로 급여는 적지만 자기만의 시간을 충분히 가질 수 있는 업무를 맡긴다. '아메바 경영'[1]도 현장에 적용하고 있다. 권 대표는

---

1   교세라 창업자 이나모리 가즈오가 개발한 독특한 경영 방식으로, 조직을 소규모 단위인 '아메바'로 나누어 독립적으로 운영하는 시스템이다.

회사의 부서나 팀은 색깔이 같아야 한다고 생각한다.

직원 10명으로 시작해 첫해(2012년) 300만 원의 매출을 기록했던 오픈놀은 이후 빠르게 성장하며 2019년 33억 원, 2020년 71억 원, 2021년 109억 원, 2022년 163억 원, 2023년 251억 원의 매출을 달성했고, 2024년에는 370억 원을 목표로 하고 있다. 2024년 11월 초 기준 시가총액은 460억~470억 원대다.

오픈놀은 젊은 조직인 만큼 다양한 복리후생 제도나 워라밸 제도도 갖추고 있다. 리프레시 휴가 및 포상, 건강검진, 단체 상해보험 가입, 사내 소모임, 유연 근무, 워케이션, 사내 도서관, 웰컴 키트 등이 대표적이다. '묻지 마 휴가', '찾지 마 휴가'도 있다.

"회사는 연말마다 '전략적 폐기 주간'을 가집니다. 복지의 가짓수가 많으면 실제로 많이 활용하지 않는 것도 있어요. 폐기 주간에는 바꿔야 할 복지, 없애야 할 조직 등을 결정합니다. 최종 결정은 제가 하지만 임직원들이 내는 의견을 많이 참고하려고 노력합니다."

12

유진테크놀로지

이차전지 장비·부품 강소기업

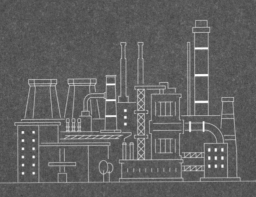

유진테크놀로지 이미연 대표는 여성 엔지니어로서 유리천장을 깨고 이차전지 부품·장비 전문기업을 일궈냈다. 기계설계공학을 전공한 그는 직장에서 겪은 성차별을 극복하고자 2009년 3000만 원으로 창업했다. 초정밀 금형 기술을 기반으로 노칭금형에서 국내 시장점유율 60%를 차지하며 업계를 선도했고, 일본 제품을 뛰어넘는 리드탭 개발에도 성공했다. 매년 20% 성장을 이어가며 2023년 475억 원의 매출을 기록했고, 창업 13년 만에 코스닥 상장이라는 성과를 이뤘다. '세상에 쓸모 있는 기업'을 목표로 직원 교육과 복지에 적극 투자하며, LG에너지솔루션, 삼성SDI 등 주요 이차전지 기업들의 핵심 파트너로 자리 잡았다.

■■ 27년차 엔지니어 공순이가 유리천장을 깨다

"여자가 얼마나 잘 하겠어."

스치는 한마디가 비수가 돼 온몸에 박혔다. 그렇다고 포기할 수 없다. 지고 싶지 않았다. 더 열심히 뛰었다. 차를 구입한 지 10개월 만에 $10만km$를 달렸다. 이렇게 10여 년이 흘렀다. 2023년 11월 2일. 서울 여의도 한국거래소에 이름을 올렸다.

가슴 깊은 곳에서 뜨거운 게 차오른다. 눈가가 촉촉해 진다. 짧지 않은 시간이 주마등처럼 스친다. 두 손에 들린 기념패에 서 있는 황소가 웃으며 말한다.

"그동안 수고했어."

영국 시사주간지 〈이코노미스트〉는 2024년 3월 '2023년 유리천장 지수'[1]를 발표했다. 한국은 조사 대상 29개국 중 29위로 최하위를 기록했다. 1위는 아이슬란드로 87.7점을 기록한 반면, 한국은 59.3점으로 12년째 유리천장 지수 하위권에 머물러 있다.

---

1   The glass-ceiling index, 노동 시장에서 성별 불평등 정도를 측정하기 위해 〈이코노미스트〉가 개발한 지표. 이 지수는 주로 여성들이 경력에서 고위 직책에 도달하는 데 겪는 장벽의 크기를 나타낸다.

상황이 나아졌다고는 하지만 여전히 우리 사회의 유리천장은 높고 단단하다. 업계 사정도 크게 다르지 않다. 여성 기업인이 독자적으로 업을 일구기 위해서는 일반적인 기업 경영의 고충뿐 아니라 사회 관습 등 문화라는 장애물까지 넘어야 한다.

이미연 유진테크놀로지 대표도 마찬가지였다. 직장 생활을 할 때부터 2009년 창업 이후까지 그녀는 순간순간 유리천장을 마주해야 했다. 하지만 모든 걸 감내하며 버텼다. 원망할 시간마저 사치로 느껴질 만큼 치열한 날들의 연속이었다. 그 과정에서 이 대표는 오로지 '기술과 고객에 대한 진심'에 '성실함'을 더하며 자신만의 길을 개척했다. 시간이 흘러 유진테크놀로지는 이차전지 부품·장비 전문기업으로 자리매김했다. 매년 20%의 성장세를 이어왔으며, 2023년에는 매출 475억 원을 기록했다. 창업 13년 만에 코스닥 상장이라는 성과를 이루며 이차전지 핵심 기업들이 유진테크놀로지에 손을 내밀고 있다. 이 대표와 유진테크놀로지는 유리천장을 깨고 당당히 날아올랐다.

27년차 엔지니어로 잔뼈가 굵은 이 대표는 자신을 '공순이'라고 소개한다. 어쩌면 여성 엔지니어로서 자부심과 당당함을 이 단어에 담았던 것은 아닐까.

■ 국내외 시장을 섭렵하는 초정밀 기술

유진테크놀로지는 부부 공동 경영 체제로 운영되고 있다. 이미연 대표는 회사 경영, 기술영업과 대외 업무, 해외법인 경영을, 남편 여현국 대표는 연구 개발과 품질을 각각 맡고 있다. 청주테크노 폴리스 산업단지에 본사를 두고 있다.

주요 사업은 이차전지 정밀금형, 정밀기계 부품, 리드탭 생산 및 유지 보수 등이다. LG에너지솔루션, 삼성SDI, SK ON, 현대자동차 등 국내 주요 대기업들이 주요 고객사로 자리하고 있다.

최근에는 고객사의 요구에 맞춰 이차전지 생산 관련 자동화 장비와 시스템을 제공하며, 종합엔지니어링 기업으로서의 역할도 수행하고 있다. 회사의 주력 제품은 대부분 이차전지 생산과 밀접하게 연관되어 있다.

♣ 전극 공정의 나이프 유닛(KNIFE UNIT)[2] **프릭션 샤프트**(FRICTION SHAFT)[3]

---

2   재료를 절단하는 데 사용되는 기계장치로 종이, 필름, 섬유, 금속 시트 등 다양한 재료를 정밀하게 절단 가공하는 데 사용됨.

3   와인딩 머신에서 사용되는 부품으로, 여러 개의 롤을 동시에 균일한 장력으로 감을 수 있도록 설계된 샤프트.

+ 조립 공정의 노칭 몰드(NOTCHING MOLD)[4], 포밍 몰드(FORMING MOLD),
  리드탭(LEAD TAB)[5]
+ 노칭 공정의 노칭 장비와 스텍킹 장비 등

유진테크놀로지는 이차전지 주요 장비를 모두 자체 기술로 국산화하는 데 성공했다. 나이프 유닛은 양극재나 음극재 원단을 일정한 폭으로 절단하는 기술이며, 노칭은 이차전지 양극재와 음극재의 원단을 배터리 형상으로 모양을 타발하는 기술이다. 프릭션 샤프트는 $500m$ 정도의 양극재나 음극재 원단을 고객이 원하는 폭으로 자르면서 감는 역할로 이차전지 생산 공정에서 필수적인 부품이다.

이 중 노칭 몰드는 유진테크놀로지의 주력 제품으로, 양극 또는 음극의 활물질이 코팅된 전극판을 배터리 형태로 자르는 핵심 부품이다. 2020년 이후 국내 시장점유율 60%로 1위를 차지하고 있으며, LG에너지솔루션, 삼성SDI, SK ON까지 주요 고객으로 확보했다. 노칭 몰드는 회사 매출의 절반 이상을 차지하는 핵심 제

---

4 양극재와 음극재 원단을 배터리 형상으로 파내는 타발을 하는 데 사용되는 금형.
5 배터리 셀이나 전자 기기 부품의 전극을 연결하는 작은 금속 조각으로 배터리의 양극과 음극을 외부 회로와 연결해 주는 역할을 함.

품이다.

포밍 금형[6]은 이차전지의 알루미늄 파우치를 컵 형태로 성형하는 금형이다. 평균 두께 113μm의 알루미늄 파우치에 균일한 압력을 가해 작업해야 하는 기술이 요구된다. 유진테크놀로지는 2014년에 '리드탭' 국산화에도 성공하며, 이차전지 산업의 자립도 향상에 기여해 주목을 받았다. 리드탭은 이차전지가 작동하도록 전기를 내부와 외부로 흐르게 하는 통로(단자) 역할을 하며, 이차전지 성능을 좌우하는 핵심 부품이다. 또한 전해액[7] 노출을 방지해 화재나 폭발을 막는 데 중요한 역할을 하며, 안전성 확보의 핵심 요소로 평가받고 있다.

이 시장은 오랫동안 일본 기업이 장악해 왔다. 그러나 현재는 국내 몇 군데의 기업들이 배터리 제조사에 공급을 하고 있으며 유진테크놀로지의 리드탭도 품질과 가격 면에서 일본 제품보다 20% 이상 우위를 점하고 있다는 평가를 받고 있다. 현재 현대차 다이슨 샤프트 등 주요 기업에 리드탭을 공급하고 있으며, 양산에 대응할 수 있는 기술력과 생산 능력을 갖추고 열심히 영업 활동

---

6 Forming Die, 재료를 원하는 형태로 성형하는 금형으로 주로 금속 가공에서 사용됨.

7 이온을 운반해 전기적 에너지를 전달하는 액체 또는 젤 상태의 물질로 주로 배터리나 전기 화학 반응이 필요한 장치에서 사용됨.

중이다.

"성능이 우수해, 앞으로의 경쟁력이 더욱 기대됩니다."

이차전지 장비와 부품을 국산화하며 경쟁력을 갖출 수 있었던 배경에는 초정밀 금형 기술이 있었다. 초정밀 금형은 마이크로미터(μm, 100만분의 1미터) 단위의 정밀성을 요구하는 기술로, 유진테크놀로지의 기술자들은 $\pm 3\mu m$ 이내의 오차만 허용되는 초정밀 금형을 제작하고 있다. 이러한 기술력을 바탕으로 유진테크놀로지는 국내 초정밀 금형 분야에서 업계 최고로 평가받고 있다.

유진테크놀로지는 현재까지 이차전지 관련 특허 24건과 디자인 등록 11건을 보유하고 있다. 2023년 매출(475억 원) 기준으로 정밀 금형이 60%, 정밀기계 부품이 22%를 차지하며, 나머지는 유지 보수와 리드탭에서 발생한다. 특히 이차전지 리드탭은 조금씩 성장해 나가고 있으며 앞으로의 발전 가능성이 높은 분야로 주목받고 있다.

유진테크놀로지는 2015년 미국을 시작으로 중국, 폴란드, 헝가리에 생산법인을 설립하며 글로벌 시장에 본격적으로 진출했다. 이를 기반으로 2020년 '천만 불 수출의 탑'을 수상하는 성과를 거두었다. 현재는 수출보다는 해외 생산법인에서 대응하며 글로벌

슈퍼 강소기업

시장에서 성장해 나가고 있다. 유진테크놀로지 경쟁력은 장비와 부품을 직접 개발할 수 있는 기술력에 있다. 금형 분야에서는 초정밀 기술로 업계 최고로 평가받으며, 이를 기반으로 이차전지 공정의 핵심 부품을 생산한다. 뿐만 아니라 공정 설비를 자체적으로 개발하고, 관련 부대장치까지 대응할 수 있는 역량을 갖추고 있다.

특히 근본적인 경쟁력은 '배터리 생산 전 공정에 대한 폭넓은 지식'에 있다. 공정 전반에 대한 깊은 이해를 바탕으로 다양한 고객 요구에 맞춰 필요한 장비와 부품을 개발할 수 있다. 단순히 도면대로 만드는 회사와는 본질적으로 다른 점이다.

"폭넓은 이해는 요즘처럼 배터리 업계가 침체기에 접어든 상황에서도 국내외 고객사의 요구를 해결할 방안을 제시할 수 있는 힘입니다. 특히 세계 시장에서 치열해지는 단가 경쟁에 효과적으로 대응할 수 있는 능력이기도 하죠."

■ 맞춤형 서비스를 가능하게 한 경험 축적

이는 창업 초기부터 외국산 장비의 개조와 개선, 부품 가공과 장

"불합리한 대우를 받을 바에야
나가서 회사를 차리자고 생각했습니다.
여성 엔지니어도 기술과 열정으로
성공할 수 있다는 걸 증명하고 싶었어요."

비 제작까지 모두 경험한 덕분이다. 이러한 다양한 경험은 경쟁사보다 월등한 맞춤형 서비스를 가능하게 하는 능력으로 축적되었다. 이 경험들은 이 대표의 치열한 삶의 흔적이기도 하다.

이 대표는 어린 시절부터 '여자아이 같지 않다'는 핀잔을 들으며 자랐다. 인형 놀이보다는 무언가를 만들고 해체하는 걸 좋아했으며, 동네에서는 골목대장으로 불렸다. 전문대에서 기계설계공학을 전공했으며, 동기 중 유일한 여성이었다. 직장 생활을 하며 필요에 의해 기계공학을 전공으로 4년제 대학을 졸업하고, 회사를 운영하며 경영학 전공으로 학사와 석사를 취득했다. 1998년 일본계 절삭 공구 업체인 한국야금에서 첫 직장 생활을 시작하며 기대에 부풀었지만 현실은 달랐다. 좀 더 현장감 있는 기술을 배우고 싶어 개발실에서 기술지원팀으로 보직 변경을 요청했지만 여성을 받아들여 주지 않았다.

노력했지만 일하기는 여전히 힘들었다. 결국 직장을 옮겼다. 이직한 직장에서 처음으로 이차전지와 인연을 맺었다. 설계를 겸한 기술영업직으로 일하며 경험을 쌓았다. 여자라는 선입견으로 승진 등에서 차별을 겪는 일이 반복되었다.

6여 년을 악착같이 버텼지만 주변 환경은 변하지 않았다. 결국 12년의 직장 생활을 끝으로 새로운 길을 선택하기로 했다.

"불합리한 대우를 받을 바에야 나가서 회사를 차리자고 생각했습니다. 여성 엔지니어도 기술과 열정으로 성공할 수 있다는 걸 증명하고 싶었어요."

2009년, 이미연 대표는 그간 모은 돈 3000만 원으로 1인 기업 유진테크놀로지를 창업했다. 청주 오송에 60평 남짓한 창고를 임대해 사무실 겸 작업실로 사용했다. 회사명 '유진'은 당시 걸그룹 S.E.S의 가수 유진이 눈에 들어왔고, 정밀 기술을 다루는 회사지만 딱딱한 느낌의 회사명보다는 부드러운 느낌으로 가고 싶어서 '유진'이라는 이름을 쓰게 됐다. 사실 회사가 여기까지 성장할 수 있을 거란 기대감을 가질 수 있는 상황이 아니었어서 회사명이 그다지 중요하지는 않았다.

직장 생활 동안 쌓은 이차전지 생산 공정에 대한 경험은 창업에 큰 도움이 되었다. 특히 이때 이차전지 미래 가능성에 주목했던 점이 중요한 자산이 됐다. 창업 초기에는 기존의 장비를 개조하거나 개선하는 일이 대부분이었다. 당시 대부분의 기계는 외국산으로, 고장이 나면 수리하는 데 시간과 비용이 많이 들었다. 이러한 국내 기업들의 고충을 이 대표 부부는 부품을 직접 만들어 해결해주었다.

그러나 창업 초기에는 청주 지역에서 일감을 수주할 수 없었다.

슈퍼 강소기업

마지막 직장이 이차전지 관련 협력사였기 때문에, 전 직장과 관련된 수주처의 일을 2년간 금지하는 업계 약속을 준수해야 했기 때문이다. 대신 천안, 구미, 대구, 울산 등 지역을 돌며 과거 인연을 맺었던 사람들의 소개로 일감을 찾았다. 주변의 차가운 시선은 아랑곳하지 않고, 10개월도 안 돼 10만km를 누비며 기술과 열정으로 승부했다. 특히 독일산 기계 설비가 고장 나 대체 부품을 구하지 못해 어려움을 겪던 한국야쿠르트 공장에서 이 대표에게 도움을 요청했다. 이 대표는 불량 원인을 신속히 파악하고, 불과 2주 만에 대체할 부품을 제작해 해결하며 기술력을 입증했다.

고객 요구에 맞춘 신속한 대응과 기술력은 빠르게 업계에 소문이 퍼졌다. 주문이 늘어나며 회사는 점차 성장했다. 2010년에는 법인으로 전환했으며, 남편 여현국 대표가 합류하면서 현재의 각자 대표 체제로 운영되고 있다. 같은 해 오창공장을 매입하며 성장에 본격적으로 시동을 걸었다.

"직장 생활을 할 때에도 현장에서 일하는 게 너무 즐거웠어요. 밤새워도 힘든 줄 몰랐죠. 특근을 제외하고 한 달에 잔업만 100시간씩 할 때가 대부분이었어요."

이차전지 시장의 후발주자로 차별화를 찾기 위해 노력했다. 고객들에게 '유진테크놀로지에 말하면 뭐든지 가능하다'는 신뢰를 쌓았고, 배려와 성실함으로 '유진테크놀로지와 일하면 편하다'는 인식을 심어주었다. 이 신뢰는 하나씩 결과물로 나타났고, 이는 현재 조직의 기술 영업 전략으로 자리 잡았다.

이차전지 관련 대기업과 거래를 트면서 성장 궤도에 올랐다. 오창공장 증축과 함께 다른 공장을 인수하며 생산 능력을 확장했다. 해외 법인을 설립하면서 해외 시장 진출 속도도 가속화되었다.

2010년 12월 24일은 이 대표에게 잊을 수 없는 날이다. 오송 창고에서 오창공장으로 이전한 날로, 유진테크놀로지의 첫 회사 소유 공장이 탄생한 순간이었다. 이는 임대에서 벗어나 자가주택을 마련한 것과 같은 의미 있는 전환점이었다.

"오송 창고에서는 혼자 모든 일을 해야 했습니다. 매일매일이 생존 그 자체였죠. 하지만 오창공장은 처음으로 제 꿈을 실현했다는 징표 같은 느낌을 주었습니다."

■ 세상에 쓸모 있는 기업, 작지만 좋은 기업이 목표

요즘 이 대표는 지속 가능한 회사의 미래를 고민하며 그려보고 있

슈퍼 강소기업

엔지니어의 소자본 창업에서 상장까지 성공한 이미연 대표

다. 그가 꿈꾸는 회사는 '세상에 쓸모 있는 기업'이다. 단순히 수익만을 추구하는 게 아니라 수주처, 협력처, 구성원 모두에게 필요한 존재가 되고자 하는 바람이다. 사회에 긍정적인 영향을 미치는 작지만 좋은 기업으로 기억되고 싶은 마음도 담겨 있다. 이 대표는 구성원들에게 애사심이나 주인의식을 강요하지 않는다. 대신 회사와 함께 동행하는 사람이 되기를 기대한다. 구성원과 이해관계자들이 소통, 협력, 신의를 바탕으로 상생하는 문화를 만드는 것이 그의 목표다.

이 대표는 먼저 자신이 회사에 필요로 하는 사람이 되기 위해 노력한다. 엔지니어로는 어느 정도 경지에 올랐지만 CEO로서의 자질은 아직 부족하다고 생각하기 때문이다. 이를 보완하기 위해 경영에 도움이 되는 건 모두 배우러 다녔다. 경영대학·대학원에서 학사·석사학위 취득이나 행복한경영대학 이수 등 배움에 적극 나서고 있으며, 이러한 노력은 CEO로서의 역량을 키우기 위한 일환이다.

이 대표는 한 달에 한두 권의 책을 읽으며 배움의 끈을 놓지 않는다. 시간이 나면 새벽이나 밤에 혼자 걸으며 마음을 정리한다. 또한 갤러리나 공연을 통해 다양한 시각에서 문제를 바라보는 법을 배우며, 더 나은 경영자로 성장하고자 노력하고 있다.

유진테크놀로지는 직원들의 역량 강화를 위해 다양한 지원을

슈퍼 강소기업

아끼지 않고 있다. 사옥 1층에 독서 공간을 마련해 직원들이 자유
롭게 책을 읽을 수 있도록 했으며, 2019년에는 거금을 투자해 1년
간 독서 경영 기본 과정을 운영하기도 했다. 이는 독서가 꿈과 비
전을 키우는 데 도움이 된다고 판단했기 때문이다. 또한 자기계발
을 위해 교육콘텐츠 전문업체와 제휴해 온라인 강의를 제공하며,
실무자 양성 교육 등 업무와 관련 있는 외부 집체 교육도 적극 지
원한다. 독서지도사를 초빙한 독서 토론 활동과 도서 구매 지원에
도 많은 관심을 기울이고 있다.

회사는 직원 복지에도 최선을 다하고 있다. 매출 상황과 관계없
이 복지 수준을 꾸준히 높여왔으며, 이를 통해 직원들과의 동반
성장 의지를 실천하고 있다. 급여는 매년 5~7% 정도 인상하며,
심지어 수익이 줄어들었던 2020년에도 급여 인상을 유지했다. 해
외 법인 운영과 관련해서도, 이 대표가 직접 직원 숙소를 마련하
며 세심하게 신경을 썼다.

복지 혜택은 생일, 결혼, 출산휴가나 육아휴직, 기타 경조사 지
원은 물론이고 성과 인센티브 지급, 매년 종합건강검진 제공, 다
양한 동호회 활동 지원 등으로 이어진다. 직원들이 편하게 쉬도록
사내에 카페테리아를 조성했으며, 장거리 거주자에게는 1인 1실
기숙사를 제공하고 주택자금 대출도 지원한다. 구내식당에서는
건강한 식단을 제공하며, 탄력근무제를 시행해 직원들의 일과 삶

의 균형을 도모하고 있다. 매주 수요일은 가정의 날로 지정해 모든 임직원이 정시 퇴근하며, 잔여 연차 발생 시 미사용 연차수당으로 보상하고 있다.

이 대표의 경영 철학은 일본에서 가장 존경받는 경영자로 꼽히는 이나모리 가즈오 회장과 마이다스 그룹 이형우 회장의 영향을 받아, 직원과 회사가 함께 성장하는 문화를 만드는 데 초점이 맞춰져 있다.

"두 분 모두 공학도 출신으로 사람을 중시하는 경영을 추구하는 분들입니다. 공학적 사고방식과 인간 중심의 경영 철학을 결합해 기업을 성공으로 이끄는 모습에 감명받았습니다."

이 대표는 열심히 해왔지만 여전히 부족하다고 느낀다. 지난해 코스닥 상장을 계기로 한 단계 도약해, 직원들이 자부심을 갖고 즐겁게 일하며 모두를 소중히 여기는 문화를 만들고자 한다.

이미연 대표는 유진테크놀로지가 사회, 그리고 고객들에게 필요한 기업으로 지속되길 희망한다. 이나모리 회장과 이형우 회장이 남긴 발자취를 좇으며, 그들의 경영 철학을 통해 회사의 방향성을 설정하고 있다.

슈퍼 강소기업

"제대로 잘 성장해 나가며 후배 기업들에 모범이 되고 도와주며 지역의 기업들과 함께 성장해 나가고 싶은 바람이 큽니다. 이에 지역 여성 근로자, 스타트업들의 멘토 역할을 하며, 부족하지만 그동안의 경험에서 실수했던 부분과 잘했던 부분들을 공유하는 재능 기부 활동을 전국을 다니며 하고 있습니다."

13

이지네트웍스

용감한 형제들, 협력의 힘

이지네트웍스는 컴퓨터 및 사무용 기계·장비 임대업을 주력으로 하는 기업이다. 1989년, 용산전자상가 1세대 박무병 회장이 설립한 터보정보통신이 시초다. 처음에는 PC를 조립해 판매했다. IMF 외환위기 이후인 2000년, 동생 박관병 대표의 제안으로 렌탈사업에 진출하며 새로운 전기를 맞았다. 두 형제는 단기 임대라는 틈새 시장을 공략해 국내 주요 행사의 공식 렌탈업체로 자리매김했다. 2020년에는 회사명을 이지네트웍스로 변경하고 대용량 공기청정살균기 '에코버'를 출시하며 제2의 도약을 이뤘다. 20년이 넘는 동업 기간 동안 경영 스타일은 달랐지만, 상호 존중과 신뢰를 바탕으로 한 협력은 변함없었다. '직원과 함께 성장하는 행복 경영'이라는 가치를 실천하며 현재는 코스닥 상장을 준비하고 있다.

재계의 '장자승계' 원칙에 변화 조짐이 보인다. '형제 경영'이 그 변화의 진원지다. 재계는 '1인 지배 구조'에 익숙하다. 창업주의 장남이나 남자 형제 중 한 명에게 경영권을 넘겨왔다. 이는 책임 경영의 지속과 안정적 경영을 위한 최선의 방안으로 여겨져 왔다. '무능력자', '세습'이라는 세간의 비난과 '형제의 난'에도 장자승계는 지켜졌다. 동업은 성공할 수 없다는 인식도 장자승계를 굳건하게 만들었다.

시대 흐름일까. 최근 변화가 감지되고 있다. 국내 주요 대기업에서 '형제 경영' 사례가 늘고 있다. 형제들이 경영권을 나누고 각 분야를 책임진다. 실제 형제가 힘을 모아 현 난국을 헤쳐나가는 모습을 확인할 수 있다.

물론 여전히 장자승계가 대세다. 60세 중반을 넘은 중소·중견 기업 창업주들도 대부분 장자승계를 고려하고 있다. 형제 경영은 소수에 불과하다. 하지만 형제가 힘을 모아 수십 년간 수많은 위기를 극복했다면 형제 경영은 충분한 의미와 가치를 갖는다.

서울디지털단지에 형제 CEO가 있다. 형은 박무병 이지네트웍스 회장이다. 동생은 박관병 대표다. 함께 사업한 지 20년이 넘었다. 네 살 터울의 형제는 다르면서도 닮았다. 경영 스타일에서 형은 신중한 성향을, 동생은 다소 공격적인 면모를 보인다. 성격은 모두 털털하지만 형은 낭만적이고 동생은 현실적이다.

피는 물보다 진한 법. 둘의 차이는 협력의 힘으로 작동했다. 미래를 내다보는 '혜안'과 '과감한 결단'도 협력의 결과물이다. 두 형제는 서로를 보완하며 더하기가 아닌 곱하기의 경영 시너지를 만들어가고 있다.

■■ 행사 사무용품 렌탈의 선두 주자

이지네트웍스는 종합 렌탈 전문기업이다. 주력 사업은 렌탈사업부와 친환경사업부다. 렌탈사업부 브랜드는 '이지렌탈'이다. 컴퓨터 사무기기 가구 등과 각종 행사 용품을 국내 기업과 관공서에 장·단기 임대한다. 친환경사업부 브랜드는 '에코버(ecover)'다. 자체 연구소에서 개발한 공기청정기를 중심으로 운영되고 있다.

2019년 100억 원대였던 매출은 지난해 370억 원을 넘어섰다. 매년 70억 원가량 늘어 4년 만에 270% 성장을 이뤘다.

대용량 공기청정살균기 에코버 앞에 나란히 선 박무병 회장과 박관병 대표

'길은 가다 보면 생긴다'고 했던가. 이지네트웍스는 없던 길을 만들며 성장한 강한 중소기업이다.

사업은 형인 박무병 회장이 시작했다. 박 회장은 용산전자상가 1세대다. 1989년 용산전자상가의 7평짜리 작은 사무실에서 컴퓨터 조립·유통회사 터보정보통신을 설립했다. 이곳이 현재 이지네트웍스의 모태가 되었다.

당시는 PC 호황기였다. 조립 PC 한 대가 300만 원씩 하던 시절, 용산전자상가는 컴퓨터 조립 판매의 전국 거점이었다. 메인보드, 그래픽카드, 메모리 등 컴퓨터 부품을 대만에서 수입해 유통하며 조립 컴퓨터를 판매했다. 가방 하나만 들고 대만을 수없이 왕복하며 흘린 땀방울만큼 회사도 성장했다. 용산전자상가에서 여러 매장을 운영할 정도로 제법 잘나갔다.

외환위기가 닥쳤다. 변화를 모색해야 했다. 급격히 경기가 침체되고 재고가 쌓였다. PC 조립 판매로는 미래가 불투명했다. 살길을 찾아야 했다.

2000년도 닷컴 열풍이 불자 박 회장은 현대멀티미디어를 설립했다. 소프트웨어 판매로 활로를 잡았다. 컴퓨터 판매 인지도에 기반해 소프트웨어로 영역을 넓힌 것이다. 온라인종합쇼핑몰 사업까지 발전시켰다. 직원도 15명까지 늘었다. 하지만 사업이 계획대로 풀리지 않았다.

걱정이 밀려왔다. 뜻밖에 동생이 고민을 해결할 수 있는 실마리를 가져왔다. 1999년 7월 군 복무를 마친 동생 박관병 대표는 IMF 직후 어수선했던 시기에 형의 사업을 도우며 지냈다. 그러던 중 형에게 '렌탈 사업'을 제안했다.

"전시 기획사에 있던 선배가 코엑스에서 전시회를 하는데 컴퓨터를 빌려달라고 한 겁니다. 그때 렌탈 사업의 가능성을 보게 됐죠."

박 대표에게 렌탈 사업은 새로운 세상이었다. 2000년은 국내 렌탈 시장의 태동기였다. 박 대표는 렌탈 사업이 신사업으로 블루오션[1]이라는 확신이 들었다. 형과 상의해 사업이 부진하던 현대멀티미디어를 렌탈회사로 전환했다. '이지렌탈'의 시작이다.

당시 렌탈 시장은 외국계 기업들이 대다수를 차지했다. 국내에서는 한국렌탈, 아주렌탈 정도가 있었을 뿐이다. 이들 사업은 24개월에서 36개월 등 장기 임대를 중심으로 운영되었다. 막대한 물류 창고와 금융 지원이 뒷받침돼야 가능했다.

형제는 틈새를 노렸다. 한 달 이내의 단기 임대에 집중했다. 처음에는 형의 우려가 컸다. 100대 이상의 PC가 짧은 기간에 중고

---

1   Blue Ocean, 경쟁이 없는 새로운 시장

로 전락하기 때문이다. 렌탈이 지속되지 않는다면 막대한 손실을 볼 것이 예상되었다. 하지만 형은 동생을 믿고 밀어줬다. 형이 만든 PC를 동생이 렌탈 사업에 투입하는 사업 분업이 자연스레 이뤄졌다. 사업은 계속 확장됐다.

렌탈 사업을 시작한 지 2년 만에 기회가 찾아왔다. 2002년 대선 당시 노무현 후보 선거캠프에 필요한 컴퓨터를 비롯한 각종 장비를 납품하게 된 것이다. 2003년 대구에서 열린 하계 유니버시아드대회에도 PC를 지원했다.

"처음에는 PC 100대로 시작했어요. 렌탈 전문 인력도 없어서 형과 제가 직접 배송, 설치, 회수까지 했습니다. 야간 작업도 많았고, 처음 1년은 정말 힘들었죠. 하지만 이 경험이 지금의 완벽한 고객 서비스의 토대가 됐습니다. 국제 행사를 성공적으로 치르면서 이지렌탈은 자신감을 쌓고 신뢰를 얻었습니다. 특히 렌탈 사업이 미래 지향적 신사업이라는 확신도 갖게 됐죠."

평창동계스페셜올림픽, 세계시각장애인경기대회, 광주하계유니버시아드대회, 광주세계수영선수권대회 등 국제 행사의 공식 렌탈사로 지정됐다. 또한 대통령 후보 선거캠프, 전국체육대회, 동시조합장 선거, 국회의원·대통령선거 투표, 전국동시지방선거 등 주요 국내 행사에 필요한 장비나 물품을 지원했다. 여기에 기업 연수 등 다양한 시장으로도 영역을 넓혔다.

이지렌탈의 운영 능력도 배가 되었다. 2005년부터 사무실에 필요한 모든 집기를 제공하는 종합 렌탈사로 탈바꿈했다. 렌탈 재고 자산만 국내 최고 수준이다. 2010년 렌탈 자산만 100억 원을 돌파했다. 매출도 급성장세를 기록했다. 2015년 렌탈 매출 100억 원을 넘어섰고, 2020년 200억 원, 2023년 300억 원을 달성했다.

고객들이 걱정하는 기술 지원과 보안 관리 능력도 이미 정평이 났다. 전문 유지 보수 기술 지원 조직을 자체적으로 운영하며 사용 환경을 정확하게 진단하고 해결한다. 보안과 정보 관리 솔루션도 완벽하다. 국가정보원에서 인증한 소프트웨어·하드웨어 장비를 통한 완벽한 데이터 초기화로 고객 정보를 완벽하게 보호하고 있다.

처음 우려와 달리 성장을 거듭한 이지네트웍스는 정부기관 (B2G)과 기업(B2B) 거래 분야 종합렌탈서비스업의 강자로 자리 잡았다. 동생의 제안에 형이 힘을 보탠 결과다. 형제의 '통찰력'이 빛났다.

"렌탈사업부의 이지렌탈 브랜드는 회사를 지탱해 온 기반이죠. 전체 매출의 70%를 차지합니다. 신뢰와 성실함이 회사 성장의 바탕이 됐다고 생각합니다."

■■ 대용량 공기청정기로 신시장 열어

렌탈 시장이 커지자 대기업들이 뛰어들었다. B2C 기업들도 이지 렌탈의 경쟁자로 나섰다. 형제는 새로운 미래 먹거리를 고심했다. 기존 렌탈 사업으로는 성장에 한계가 있다고 판단했다.

2020년, 회사는 '대용량 공기청정기'라는 새로운 도전을 시작했다. 회사명도 '이지네트웍스(easynetworks)'로 변경했다. 종합 렌탈 서비스 기업이 공기청정기 제조를 추가하는 강수를 뒀다. 이지렌탈 출범 20년이 되는 해에 '제2 도약' 의지를 대내외에 천명한 것이다.

새로운 도약의 주역은 공기청정과 살균을 동시에 수행하는 공기청정살균기 '에코버(ecover)'다. 가정용이 아닌, 빌딩과 공항 터미널 등 공공장소에 특화된 대용량 공기청정기다. 순수 국내 기술로 개발했다.

왜 대용량일까? 여기에서도 형제의 혜안이 빛났다. 렌탈 사업에서 단기 임대라는 틈새를 찾았듯이, 이번에는 대기업과 외국 기업이 놓치고 있는 대용량 시장과 공기 살균기 영역을 꿰뚫어 봤다. 일반 공기청정기가 최대 $165\,m^2$(50평)형인 데 비해, 에코버는 1대당 청정 면적이 $231\,m^2$(73평) 이상으로 넓다. 최대 $1122\,m^2$(340평)형까지 가능하다. 고객의 요구에 따라 $3300\,m^2$(1000평)급도 만들 수 있다.

시작은 좋다. 이미 의미 있는 성과가 나왔다. 공공기관과 시설에서 주목했다. 코로나-19는 성장을 돕는 촉매제 역할을 했다. 에코버는 우리 일상 곳곳에서 공기를 정화하고 있다. 서울 지하철 9호선과 부산 지하철 1호선은 물론, 서울역·용산역·수서역·동탄역 등 주요 기차역에 설치돼 있다. KT타워, 강남타워 등 업무 공간과 관공서, 교육기관, 의료기관을 비롯해 코엑스, 롯데백화점 등 대형 쇼핑몰에도 설치됐다.

"핵심 기술은 3단계 공기청정시스템과 2종 공기 살균 장치에 있습니다. 세균은 물론 코로나, 메르스, 사스 등 바이러스도 사멸시킵니다."

2종 공기 살균 장치는 광촉매 필터와 단파장 자외선 발광 다이오드(UV-C LED) 두 가지 핵심 기술로 구성되어 있다. 광촉매필터는 강력한 항균, 항바이러스 작용을 한다. 공인시험기관 평가에서 20분 내에 99.9% 이상의 항바이러스 성능이 입증되었다. UV-C LED 기술은 물, 공기, 물체 표면의 부유 세균과 바이러스 유전자를 완전히 파괴한다.

사실 대용량 공기청정기는 2010년경 실패했던 사업이었다. 시대를 앞섰던 탓이다. 2017년 형이 그 경험을 살려 대용량 공기청

"에코버는 대용량 공기청정기의
대명사가 되었습니다.
실패에서 축적된 경험을 바탕으로
개발할 수 있었죠. 인증 방법조차 없어
조달 등록까지 1년이 걸렸을 정도로
새로운 제품입니다."

정기를 만들어보자는 아이디어를 냈다. 동생이 적극 호응했다. 2년간 연구원 10여 명이 매달린 끝에 개발에 성공했다.

전국 곳곳에 설치된 기기는 사물인터넷(IoT) 중앙관제시스템으로 점검하고 제어한다. 2020년에는 파주공장에 공기청정기용 헤파필터를 연간 10만 장 이상 생산할 수 있는 설비를 갖췄다. 파주 공장에서는 다양한 크기와 성능을 갖춘 필터를 생산해 에코버에 탑재한다. 타 회사 공기청정기 필터도 공급 중이다.

대용량 공기청정기 하면 사람들은 이제 에코버를 떠올린다. 수많은 실패 속에서 얻은 경험이 만들어낸 혁신이다. 인증 방법조차 없던 완전히 새로운 제품이었기에, 조달 등록까지 1년이 걸렸다.

버스형 공기청정살균기도 출시했다. 국내 버스회사의 요청을 받아 6개월간의 연구 끝에 완성한 제품이다. 버스 천장에 설치할 수 있는 유선형 디자인에 안전을 위해 플라스틱 외형을 채택했다. KD운송그룹에 700대를 공급했으며, 일본과 프랑스 수출을 시작으로 세계 시장 진출도 추진 중이다.

■ 국내 최대 1122㎡형 생산, 3300㎡까지 제조 가능

20년 넘게 동업하면서 의견 충돌이 없을 수는 없었다. 성격과 경

영 스타일이 다른 형제였지만, 서로의 생각을 존중하며 회사 성장을 중심에 두고 논의했다. 특히 상대의 의견을 존중하는 자세를 잃지 않았고, 결정된 사안에는 적극적으로 협력했다.

동생이 렌탈 사업을 시작하던 2002년, 제일모직에서 교육용 노트북 300대가량을 주문했다. 동생은 형에게 노트북 지원을 요청했다. 기존 100~200대 정도로 운영한 터라 100대 이상이 더 필요했다. 형은 난색을 표했다. 당시 노트북 한 대 가격이 200만 원 이상이었다. 새 노트북 100여 대 이상이면 2억 원이 넘는 규모다. 100여 대 새 노트북이 5일 사용한 후 중고가 되는 상황이었다. 형의 반응은 당연한 것이었다.

동생은 "계약했으니 진행해야 한다"며 형을 설득했다. 형은 동생이 강한 의지를 보이자 밀어주기로 했다. 여기에 노트북 렌탈시장 확산의 기회로 삼자는 생각으로 지원했다.

"제일모직이 5일 정도만 사용하기로 했는데 6개월 임대를 한 거예요. 나중에 들었는데 제일모직 직원들도 놀랐다고 해요. 300대 이상의 노트북을 빌려줄지 몰랐다는 거지. 실패했더라면 큰일 날 뻔했죠."

위기에는 기회가 숨어 있다고 했다. 제일모직 건을 시작으로 노트북을 대량 임대할 수 있는 기반을 만들 수 있었다.

에코버 출시 때는 입장이 바뀌었다. 이번에는 동생이 우려를 표했다. 이미 한 번 실패한 아이템인데, 대기업이 장악한 시장에 렌탈기업이 제조업으로 진출하는 것이 걱정됐기 때문이다.

결국 동생은 형의 의지를 믿고 계획에 동참했다. 코로나-19 대유행과 맞물려 에코버는 빠른 시간에 자리 잡았다. 형제는 이견을 협력의 힘으로 전환시켰다. 이는 미래 성장 동력이 되었다.

용감한 형제는 다시 용감한 도전에 나섰다. 바로 '행복 경영'이다. '우리가 행복해야 고객도 행복합니다.' 이 문구는 이지네트웍스 서울 구로 본사와 경기 파주공장 곳곳에 부착되어 있다. 이는 창업주 박무병 회장의 '사람 중심' 철학을 잘 보여준다.

> "우리가 행복하고 여유가 있어야 고객에게 베풀고 행복 바이러스를 전파할 수 있습니다. 이런 철학으로 직원의 삶과 복지를 우선 살피려 노력하고 있습니다."

형제의 진심은 2020년 (사)행복한성공에서 선정한 '행복 경영 대상' 수상에서도 확인할 수 있다. 다양한 사내 복지 제도를 시행해 동종 업계에서 이직률이 가장 낮고 장기 근속자 비율이 높은 기업으로 정평이 나 있다. 이사, 전무 등 경영진은 대다수가 초창기 멤버 그대로다. 팀장급은 대부분 10년 이상 근속자이고 10년 이상 장기 근속자만 전체 직원의 20%에 달한다. 매년 이익의 10%는 직원 배당, 또 다른 10%는 사회에 환원하고 있다. 현재 준비 중인 코스닥 상장도 직원들에 대한 보상과 자긍심 제고를 위해서다.

요즘 대내외 경제 상황이 갈 길이 바쁜 형제의 발목을 잡고 있다.

"2008년 금융위기와 2020년 코로나 팬데믹 기간도 슬기롭게 극복했는데 지난해부터 가장 어려운 시기인 것 같아요. 원자재 가격 상승과 금리 인상 등 어려운 환경이지만, 제품 라인업 다각화와 신규 시장 개척을 통해 극복하고자 합니다. 특히 구독 경제 모델을 도입해 안정적인 수익 구조를 만들어가고 있으며, 스마트 팩토리 구축으로 생산 효율을 높이고 있습니다."

그래도 자신감은 있다. 형에게는 동생이, 동생에게는 형이 있어서다. 형제가 이루고자 하는 건 '함께하는 사회를 만들어가는 기업'이다. 이지네트웍스의 성장과 혁신은 현재 진행형이다.

슈퍼 강소기업

14

장충동왕족발

이익 추구보다 바른 먹거리 원칙을 지키다

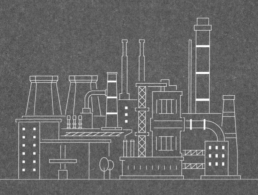

장충동왕족발은 현재 연 매출 350억 원을 기록하며 족발 최장수 프랜차이즈로 자리매김했다. 1996년, 남편의 사업 실패를 계기로 인생의 전환점을 맞은 신신자 대표는 부산에서 장충동왕족발 가맹점을 시작했다. 그는 '고객 행복'이라는 한결같은 원칙 아래 성공을 거두었고, 2001년에는 업계 최초로 가맹점주가 본사를 인수하는 이변을 일으켰다. 장충동왕족발은 '바른 먹거리'에 대한 신념도 지켜왔다. 5년이라는 긴 시간을 들여 빙초산을 현미식초로 대체한 것이 대표적인 사례다. 또한 수익의 30%를 직원 특별 상여금과 사회 환원에 기여하며 나눔 경영으로도 주목받고 있다. 최근에는 딸인 권현주 상무가 B2B 사업과 가정 간편식 시장 진출을 성공적으로 이끌며, 2대에 걸친 혁신의 역사를 이어가고 있다.

▪▪ 가맹점주가 본사를 인수하다

1996년, 외환위기 1년 전의 일이다. 남편 사업이 부도가 났다. 빚 보증을 잘못 선 대가였다. 소유하고 있던 대전 중심가 빌딩이 압류당했다. 평온한 삶이 깨졌다. 40대 초반의 가정주부였던 그녀는 갑자기 가족을 책임져야 했다. 유복한 생활에 젖어 있던 터라 겁이 났다. 두 아이가 눈에 밟혔다. 일단 먹고살아야 했다.

고향인 대전을 떠나 부산으로 내려갔다. 주위의 시선을 피해 도망친 것이다. 동래구 족발 골목에서 가게를 열었다. '장충동왕족발'과의 첫 인연이다. 42세 되던 해다.

평소 즐겨 먹던 음식이어서 편했지만 막막했다. 막상 장사를 앞두니 불안이 밀려왔다. 곰곰이 생각해 보니 장사란 좋은 물건을 싸게 팔고, 손님을 최고로 대접하면 되는 것이었다.

'고객 행복'을 장사 원칙으로 삼고 하루하루 최선을 다했다. 그녀의 진심이 통했는지 손님이 늘었다. 얼마 지나지 않아 동래 족발 골목에서 가장 인기 있는 가게가 되었고, 문 앞에는 늘 대기 줄이 늘어섰다. 처음 해보는 장사라고는 믿기 어려운 실적을 냈다. 당시 월 매출이 4000만~5000만 원에 달했다. 장충동왕족발 전체

가맹점 중 매출 1위에 올랐다. 족발 가게를 시작한 지 3년 만이다.

땀 흘린 보람인가. 행운의 여신이 찾아왔다. 본사에서 체인본부장 자리를 제안했다. 본부장에 오른 지 얼마 되지 않아 창업주와 일부 가맹점 사이에 갈등이 불거졌다. 이는 세무 조사로 이어졌다. 창업주는 사업을 접겠다고 나섰다.

그녀는 고민에 빠졌다. 가맹점들의 피해를 막아야 했다. 무엇보다 어렵게 일궈낸 장충동왕족발 매출 1위 매장을 포기할 수 없었다. 본사를 인수하는 것만이 유일한 방법이었다. 마침 대전에 있는 빌딩의 압류가 풀리면서 자금도 마련됐다.

2001년, 그녀는 마침내 본사를 인수했다. 가맹점주가 본사를 인수한 것은 업계 최초의 일이었다. 가맹점주 5년 만에 본사 최고 경영자에 올랐다. 가정주부가 5년 만에 140여 개 가맹점을 거느리게 된 것이다.

인생 역전이다. 경영도 똑 부러진다. 인수 당시 30억 원이던 매출이 2023년 350억 원으로 크게 성장했고, 직원 수도 250명으로 늘어났다. 현재 장충동왕족발은 족발 최장수 프랜차이즈다. 여기서 그치지 않고 업계 최초로 족발을 일본과 동남아 등에 수출하고 있다.

회사 이익을 직원과 사회에 나누는 데도 적극적이다. 창업하면서부터 수익의 10%는 꾸준히 사회에 환원하고 있다. 신 대표는 사랑의열매 아너소사이어티 회원이다.

　누구나 살다 보면 위기를 맞닥뜨린다. 기업도 마찬가지다. 흔히
들 위기가 위대한 기회를 품고 있다고 말하지만, 실제로 위기를
기회로 바꾸는 건 쉽지 않다. 하지만 신신자 대표는 해냈다. 그녀
는 운에만 기대지 않았다. 땀과 정성으로 사람들의 마음을 움직이
며 인생 역전의 드라마를 써 내려갔다. '고객 행복'을 최우선으로
삼고 '나눔 경영'을 실천해 온 신 대표의 여정은, 위기에 내몰리는
중소기업들에 시사하는 바가 크다.

■■ 브랜드 하나뿐인 무능한 경영인

장충동왕족발은 1986년 설립된 족발·보쌈 전문 프랜차이즈다. 프
랜차이즈 본사로는 가장 오래된 곳이다. 현재 주요 제품은 돼지족
발과 순대, 머릿고기 편육이다. 최근에는 가정 간편식 시장 확산
에 따라 족발을 제품화해 대형마트, 편의점 등에 납품하는 B2B 사
업에도 뛰어들었다. B2B 사업이 전체 매출의 70%를 차지하며, 이
미 전통적인 프랜차이즈 매출을 넘어섰다.

　자체 브랜드(PB) 제품으로는 '요리하다' 3종(편육, 족발, 고기순대)과
'피코트' 3종(순살족발, 쫄깃한편육, 미니족발)이 있다. 편의점과도 적극

협력해 세븐일레븐에는 족발편육, 족발수육, 머릿고기&홍어무침을, CU와 GS25에는 쫄깃한편육과 부드러운 순살족발을 공급하고 있다.

브랜드는 '장충동왕족발' 단 하나뿐이다. 이는 사업 확장보다 제대로 된 바른 먹거리를 중시하는 신 대표의 철학 때문이다.

"37년 동안 브랜드 하나만 운영해 온 무능한 경영인입니다. 하지만 사람들의 건강을 위해 부끄럽지 않은 바른 먹거리를 만들어왔다고 자부합니다."

신 대표의 가장 큰 고집은 문어발식 사업 확장이 아닌 바른 먹거리에 있다. 장충동왕족발은 16가지 천연 재료를 배합해 돼지고기 잡내와 더부룩한 포만감을 없앴다. 식어도 쫄깃한 식감을 유지하는 비법은 이 회사만의 노하우다. 2010년께 한 대기업이 족발 시장에 진출했다가 2년 만에 사업을 접었다. 장충동왕족발의 맛을 따라갈 수 없었던 것이 이유다.

원료는 전문 육가공업체와 계약을 맺고 100% 신선한 국산 돼지고기만을 사용한다. 소금은 5년간 간수를 뺀 천일염을 사용한다. 국산 천일염은 나트륨 함량이 낮고 미네랄은 풍부해 건강에 좋다. 또 간장은 자연 발효로 만든 양조간장만 고집한다. 직접 담

슈퍼 강소기업

근 메주로 제조해 나트륨 함량이 낮고 깊은 맛이 난다.

육수 관리도 철저하다. 매 과정마다 육수를 걸러 기름기를 제거한다. 이렇게 해야 트랜스지방[1]과 벤조피렌[2]을 없애고, 스팀 조리 시 육수가 탄화[3]되는 것을 방지할 수 있다.

화학 첨가물은 철저히 배제한다. 빙초산도 사용하지 않는다. 빙초산은 산도가 99%가 넘어 맛을 내기는 좋지만, 석유에서 추출한 화학 제품이기 때문이다. 대신 산도 10%도 안 되는 현미식초를 택했다. 적절한 맛을 내기 위한 배합 비율을 찾는 데만 5년이 걸렸지만, 소비자의 건강을 위해 기꺼이 감내한 시간이었다.

고기 색을 내기 위해 아질산나트륨 대신 붉은 고추를 사용하고, 커피나 카라멜 소스 같은 첨가물도 일절 넣지 않는다. 건강한 먹거리를 위해서라면 어떤 어려움도 마다하지 않는다는 게 신 대표의 철학이다.

---

1   액체 상태의 식물성 기름을 인공적으로 경화시키는 과정에서 생성되는 지방으로, 동맥경화와 심장 질환의 주요 원인으로 지목되었다.

2   음식을 고온에서 조리할 때 발생하는데, 세계보건기구(WHO)가 지정한 1급 발암 물질이다.

3   유기물이 고온에서 가열될 때 검게 타면서 탄소 물질로 변하는 현상으로, 식품의 경우 영양소 파괴와 유해 물질 생성의 원인이 된다.

신 대표의 바른 먹거리 고집은 '고객 행복' 원칙과 연결돼 있다. 건강한 음식을 맛있게 먹어본 고객은 다시 찾을 것이라는 믿음이다. 그의 고객 행복 추구는 집착에 가깝다.

부산에서 가맹점을 운영할 때였다. 외환위기로 상추 한 상자가 10만 원 가까이 급등했다. 대부분의 가게에서는 상추를 빼거나 줄였다. 고민이 밀려왔다. 그는 원가 계산을 하지 말자고 판단했다. 비싼 상추를 아낌없이 손님상에 내놓았다. 안주가 부족해 술이 남아 있는 손님 접시에 고기 몇 점과 보쌈김치를 슬쩍 올려주기도 했다.

물수건은 여름에는 차게, 겨울에는 따뜻하게 제공했다. 고객들의 신발도 일일이 닦아줬다. 음식이 나가기 전 새끼감자나 고구마, 제철 콩 등을 동치미와 함께 식전 입가심 음식으로 내놓았다. 고객이 행복하게 문을 나서면 다시 방문한다고 확신해서다. 그의 판단대로 가게는 문전성시를 이뤘다.

이러한 고집(?)은 누구도 생각하지 못했던 새로운 길을 만들었다. 먼저 '배달 서비스'다. 장충동왕족발이 최초로 시도했다. 회사 창업주가 몸이 불편한 단골손님에게 배달해 준 것이 계기가 되었다. KT와 콜센터의 협력으로 배달에 성공했다.

제주도 '봄무' 생산도 신 대표에 의해 시작되었다. 2001년 이전에는 봄무가 육지에서만 나왔다. 육지에서 자란 봄무는 너무 빠른 성장으로 단단하지 않고 맛이 없었다. 동치미는 가을무로만 담가야 했던 이유다. 신 대표는 고객들에게 맛있는 동치미를 1년 내내 제공하고 싶었다. 제주도에서 무를 재배하는 방안을 생각했다. 이로 인해 2001년부터 국민들이 제주도 봄무를 맛볼 수 있게 되었다.

"고객은 건강하고 맛있는 식품을 먹을 수 있는 권리가 있습니다. 고객을 위해 바른 먹거리 만드는 게 우리 회사 경쟁력이죠."

'100-1=0'이라는 문구가 새겨진 잔디밭이 본사 건물 앞에 있다. 이는 100가지를 잘해도 1가지를 잘못하면 식품의 안전이 위협받을 수 있고, 100명이 제대로 해도 1명이 실수하면 문제가 생길 수 있다는 의미다. 이 공식은 신 대표가 추구하는 완벽한 품질에 대한 의지를 보여준다.

이러한 철학은 제조 설비 현대화를 위한 큰 투자로 이어졌다. 회사는 자외선 살균 컨테이너, 연속식 2차 살균기, 연속식 금속 검출기, 자외선 공기 순환기, 항온 항습기 등을 도입했다.

작업장 곳곳에는 반도체 공장에 설치되는 항온 항습기가 작동하고 있다. 생산 현장의 온도와 습도를 일정하게 유지하는 장치다. 장충동왕족발 작업장에는 솥단지 70여 개가 있다. 솥에서 많은 양의 김이 발생한다. 항온 항습기가 김을 외부로 빼내 작업장 내부에 응결수가 맺히지 않도록 한다. 응결수로 인해 작업장이 오염되는 걸 방지한 것이다. 생산 현장은 위해 요소 혼입이나 오염을 방지하는 위생 관리 시스템 HACCP 인증을 받았다.

■■ 직원 행복에 집착하는 이유

장충동왕족발은 가맹점주와 돈독하기로 유명하다. 공정거래위원회에 가맹점 민원이 한 번도 제기되지 않았다. 비결은 3무(無)원칙과 소통에 있다. 3무란 '가맹점주를 섭섭하게 하지 말자', '직원에게 억울함이 생기지 않도록 하자', '식품 사고를 내지 말자'는 내용이다.

신 대표는 점주와 소통하는 걸 즐겨한다. 코로나-19 이전에는 영업이 끝나는 새벽에 가서 점주들을 많이 만나 고충을 듣고 함께 공감했다. 요즘도 수시로 가맹점주들과 의견을 나눈다. 점주였던 시절의 아픔을 알기에 가맹점주와 동반 성장하려 한다.

장충동왕족발도 한때 큰 위기를 맞았다. 신 대표가 회사를 인수한 후 급성장하자 시기하는 이들이 생겨난 것이다. 3명의 지사장이 전체 가맹점의 3분의 1을 데리고 나가 '장충동 b&f'라는 유사

슈퍼 강소기업

상호로 새 사업을 시작했다. '장충동'이라는 지명을 사용한 상호라 상표권 보호를 받을 수 없어 법적 대응도 어려웠다.

이탈했던 가맹점들은 6개월 만에 대부분 돌아왔다. 맛과 품질에서 고객들의 항의가 이어졌던 탓이다. 신 대표는 이들을 군소리 없이 받아줬다. 회사는 6개월 만에 정상으로 돌아왔다.

"그들을 탓할 수는 없었습니다. 마음의 상처는 받았지만, 결국 맛과 품질만 좋다면 고객은 떠나지 않는다는 것을 다시 확인하는 계기가 됐죠. 자생력만 있으면 문제될 게 없죠."

직원 복지에도 최선을 다한다. 고객 행복의 첫 출발점은 직원 행복에 있기 때문이다. 매출 300억 원대 중소기업에서 찾기 힘든 다양한 지원을 하고 있다. 2001년 법인 설립 이후 노사 분규가 한 번도 없는 이유다.

노사가 함께하는 해외 연수와 워크숍으로 공동 발전을 모색한다. 직원은 모두 정규직이다. 자녀 학비(연 2회)와 기숙사, 주택자금 대출 등을 지원한다. 야근 없는 문화를 만들고 자율 근무제를 도입했으며, 여성 임원의 비율이 50%에 이른다.

특히 회사 이익금 배분의 원칙인 '3:3:4 규칙'을 철저히 지키고 있다. 이익의 30%는 직원 특별 상여금과 사회 환원에, 30%는 주주 배당에, 나머지 40%는 재투자에 사용한다.

"3:3:4 규칙은 유한양행 창업주 유일한 회장님에게서 배운 겁니다. 기업은 사회로부터 도움을 받아 성장합니다. 나눔은 자연스럽고 당연한 일입니다."

장충동왕족발의 나눔 경영은 일상에서도 실천되고 있다. 58평 규모의 어린이집(도담 어린이집)을 운영한다. 어린이집 선생님들도 정규직이다. 아이를 낳고 기르는 데 불편함이 없도록 배려한 것이다.

김장철이면 직원들과 함께 김장을 한다. 20여 년째다. 김치를 담그고, 된장을 만들어 직원들과 나눈다. 직원 가정에 김장하는 수고를 덜기 위해서다. 물론 주변 이웃과도 나눈다.

"중소기업은 고급 인력을 채용하기는 힘들어도 육성할 수는 있습니다. 중소기업들이 직원에게 정성을 다해야 하는 이유입니다."

■■ 일 중독자 딸, 신사업 일궈

장충당왕족발은 전환기를 맞았다. 신 대표가 칠순을 넘어서면서 2세 경영 승계가 이뤄지고 있다. 원래는 직원 중에서 후계자를 물색했다.

"처음부터 딸에게 회사를 물려줄 생각은 아니었어요. 회사 성장을 이끈 핵심 인원에게 경영을 맡기려 했죠. 그런데 평생 회사에서 열심히 일하겠다고 하면서도 경영은 맡지 않겠다는 겁니다. 결국 해외에 있는 딸을 불렀죠."

권현주 상무는 미국에서 대학을 졸업하고 직장 생활을 하고 있었다. 딸이 한국에 오자 미국 회사에 사직서를 써 우편으로 보내게 했다. 황당했지만 권 상무는 엄마의 상황을 이해하고 따랐다.

신 대표는 딸 교육부터 시작했다. 먼저 벤처농업대에 보내 식품 산업의 기초를 배우게 했고, 대학 졸업 후에는 2년간 중국 매장에서 실전 경험을 쌓게 했다. 딸도 잘 따라와 줬다.

본사로 돌아온 권 상무는 기존 조직에 들어가지 않았다. 스스로 능력을 입증하고 싶었다. 회사 내 조직에 없던 기획실을 만들었다. 직원은 자기 자신뿐이다. 이곳에서 새로운 사업을 밤을 새워가며

"저는 항상 '지는 협상'을 하려고 합니다.
제 이익보다는 양보를 많이 하는 편이에요.
그러면 상대방이 나중에 미안한 마음에
더 잘해주시더라고요.
이런 가치 중심의 경영이 쌓이고 쌓여
오늘의 장충동왕족발이 된 겁니다.
기업이 30년 이상 살아남았다는 것은,
돈이나 자본으로는 계산할 수 없는
무형의 자산이 쌓였다는 뜻입니다.
바로 그것이 진정한 기업의
경쟁력이 되는 것이죠."

구상했다. 권 상무가 입사할 당시 회사는 체인점 사업이 전부였다. 기존 사업과 연계된 회사의 미래 먹거리를 찾고자 하였다.

1인 가구 증가, 온라인 판매 등 시장 변화를 주시하던 그는 편의점과 대형마트 전용 제품을 기획했다. 2008년 10월, 편의점 제품을 출시한 달에만 3000만 원어치를 팔았다. 이후 판매 그래프는 계속 우상향했다. 지금은 월 14억 원 가량의 매출을 올리고 있다. 체인점 매출을 넘어선 지 오래다. '금수저'라는 이야기를 듣고 싶지 않아 일에 매달린 성과다.

권 상무가 회사에 들어온 지도 어느덧 13년이 됐다. 처음에는 불편했던 내부 시선도 이제는 든든한 지지로 바뀌었다. 지금은 제품 개발부터 조직 관리까지 경영 대부분을 맡고 있다. 엄마인 신 대표는 회사의 미래 전략 수립과 대외 활동을 주로 하고 있다.

"저는 스스로를 일 중독자라고 생각해요. 회사의 지속 가능성에 대한 부담과 책임감이 크기 때문에 단 1분도 허투루 보낼 수 없어요. 무엇보다 엄마가 일궈오신 노력이 헛되지 않도록 해야 하니까요."

권 상무는 가정 간편식(HMR) 시장 진출을 준비하고 있다. 밀키트 제품 개발에 열중하는 이유다. 그 첫 시도가 2021년 12월 문을 연 밀키트 전문매장 '장충상회'다. 1호점은 광주에 오픈했다. 1층에서 고객이 원하는 밀키트 등을 계산하고 2층에 마련된 전자레인지 등을 이용해 간단히 조리해 먹는 방식이다. 입소문을 타고 반응이 좋아지고 있다. 온라인몰도 함께 운영 중이다.

딸은 엄마의 경영 원칙과 철학에 동의하고 존중한다. '직원 행복'과 '고객 행복'이라는 가치는 권 상무도 이어갈 것이다. 다만 모든 것을 포용하는 어머니와 달리, 현실을 좀 더 냉철하게 바라보려 한다. 아직은 어머니만 한 내공도 없고, 현장에서 부딪히며 배워야 할 것들이 너무 많기 때문이다. '기업은 개인의 소유물이 아닌 사회의 공동 자산'이라고 믿는 엄마와, 그가 일군 회사의 미래를 책임져야 할 딸. 신 대표와 권 상무는 한목소리로 말한다.

"직원이 행복해야 그 즐거움을 고객에게 전달할 수 있습니다. 직원이 회사 오는 게 행복하면 좋겠네요."

슈퍼 강소기업

직원의 행복을 고객에게 전달하는 게 꿈이라는 신신자 대표와 권현주 상무

15

주어링

품격의 기준을 세우다

주어링의 최점락 대표는 17세에 '1억 원 모으기'라는 꿈을 안고 상경해 귀금속 공장에서 일을 시작했다. 하지만 월급 17만 원을 모아 1억 원을 만들기 위해서는 50년이 걸린다는 현실을 깨닫고 23세에 직접 '경동사'를 창업했다. 이후 1996년 회사명을 주어링으로 변경하며 새로운 도약을 준비했다. IMF 외환위기 당시 14K 귀금속 전문성을 바탕으로 오히려 성장하는 저력을 보여주었고, 이후 겪은 경영 위기를 극복하기 위해 늦깎이로 공부에 도전해 박사학위까지 취득했다. 현재 주어링은 연 매출 100억 원을 기록하며 B2B 귀금속 시장의 선두기업으로 자리 잡았다. 최 대표는 지속 가능한 경영을 통해 주어링을 100년 기업으로 성장시키겠다는 목표를 향해 나아가고 있다.

■ '1억 원 모으기'

고등학교 입학식이 열린 날 학교를 때려치우고 무작정 상경한 17세 소년은 이런 원대한(?) 꿈을 세웠다. '서울 가면 돈 번다'는 동네 선배의 말에 궁핍했던 충남 보령의 고향 집을 등지면서다. 아직은 여물지 못했던 시절, 1억 원은 돈이 절박했던 그가 생각할 수 있는 상징적이고도 최대치의 포부였다.

맨주먹으로 귀금속 세공·제조업계의 선두 주자로 올라선 최점락 주어링 대표가 사회에 첫발을 내딛던 순간이다. 그로부터 10년 뒤 이 꿈은 이뤄지게 된다.

소년 최점락의 첫 일자리는 서울 근교의 공사판이었다. 벽돌을 날랐다. 어린 나이지만 시골 출신다운 다부진 체력으로 버텼다. 그를 지켜봤던 일꾼은 어느 날 "기술을 배워야 돈을 번다"고 충고했다. 마침 중학생 때 먼저 상경해 귀금속 제조공장에 다니던 고향 친구들과 연락이 닿았을 무렵이었다. 얼마 뒤 그도 서울 삼선교에 있는 귀금속 공장에 취직했다. 40년 주얼리 인생이 그렇게 시작됐다.

하루 16시간, 한 달에 26일씩 일하는 고된 노동이었다. 월급은

17만 원. 먹여주고 재워주는 공장에서 그는 군것질 하나 사 먹지 않고 악착같이 돈을 모았다. 청소, 빨래 등 온갖 심부름을 대신하며 사장으로부터 받은 용돈까지 몽땅 통장에 쌓았다.

그렇게 3년 정도 공장 일에 익숙해질 무렵, 근무가 끝나고 또래의 동료와 서로의 목표를 묻다가 생각지도 못했던 현실을 마주하게 된다. 당시 월급으로 1억 원을 모으려면 그 공장에서 무려 50년을 벌어야 한다는 걸 그제야 깨달았기 때문이다.

■■ 공장 사장을 꿈꾸다

1억 원은 너무 먼 꿈이었다.

"동료와 같이 머리를 맞대고 계산해 보니 1년간 월급을 한 푼도 안 쓰고 돈을 모아봐야 204만 원에 불과했어요. 그때까지 돈을 차곡차곡 모으면 막연하게 꿈을 이룰 수 있을 것이라 여겼는데, 그렇게나 오래 걸린다는 생각은 미처 하지 못했던 거죠."

망치로 머리를 맞은 듯한 충격이었다. 직접 공장을 운영해야겠다고 마음을 먹은 건 그때부터다. 3년만 돈을 모으면 작은 공장 하나는 차릴 수 있다는 계산이 나왔다. 곰곰이 따져보니 그가 하루에 처리하는 업무량이면 월급 몫을 충당하고도 남았다. 나머지 25일간 귀금속을 만들어 거래처에 납품하고 돌아오는 이윤은 모두 사장 몫으로 돌아가는 구조라는 걸 비로소 이해하기 시작했다. 노동자의 권리가 체계적으로 보장되지 못하던 시절이었다.

3년여 뒤, 그동안 월급도 조금씩 올라 그의 통장엔 1700만 원이 모였다. 그는 사장에게 공장을 차리고 싶으니 도와달라고 요청했다. 일감이나 원자재 조달, 거래처 인맥 등을 고려하면 사장의 도움이 필요했다. 그러나 일손이 부족한 상황을 이유로 사장은 그를 붙잡았다. 1년 정도 지났을 무렵 한 협력업체가 속을 썩였다. 기회였다. 어느 날 사장이 그를 불렀다. "물량을 넘길 테니 한번 해 봐라."

귀금속 업계에서 원청업체가 일감을 준다는 건 그만큼 협력업체를 신뢰한다는 의미로 통한다. 상대적으로 자금력이 우수한 원청업체가 고가의 원자재인 금을 매입한 뒤 세공을 맡기는 형태이기 때문이다.

"독립을 원하는 직원이 여럿 있었는데 사장이 나를 낙점한 건 7년간 지켜보면서 성실성을 인정한다는 뜻이 아니었을까 싶어요."

최 대표는 그날로 평소 눈여겨보았던 공장 근처의 건물 지하 공간을 임대했다. 그동안 모은 종잣돈으로 설비를 구매하고, 직원 한 명을 채용한 뒤 1992년 6월 25일 현재 주어링의 모태가 된 '경동사'를 설립했다. 공장 앞에 있는 경동고등학교에서 따온 이름이었다.

아직 어수선한 지하 공장에서 몇몇 지인이 모인 가운데 돼지머리에 막걸리를 놓고 조촐한 개업식을 열었다. 당시 그의 나이 23세였다. 7년간 세공일로 잔뼈가 굵은 최 대표는 자신감이 넘쳤다. 휴일도 없이 밤낮없이 일하며 종로 일대의 도매상에 14K 귀금속 제품을 납품하는 OEM 방식의 일을 이어갔다. 그러나 남의 공장에서 일할 때와는 달랐다. 이제는 모든 것을 책임져야 하는 사장의 자리는 생각보다 훨씬 더 무거운 중압감을 주었다. 창업 후 1년이 지나 서서히 일감이 늘고 자리를 잡아가던 무렵, 공장이 휘청이는 시련을 맞게 되었다.

"일감을 받아 세공만 하던 시절, 매출을 늘리기 위해 직접 귀금속을 제작하려고 평소 알고 지내던 거래처에 금 매입 자금을 건넸습니다. 그런데 그 거래처가 잠적해 버렸어요. 그 충격은 말로 표현하지 못할 정도로 컸습니다."

떼인 돈은 무려 2000만 원. 창업 초기 자금력이 열악했던 시기에 이 피해는 회사에 치명적이었다. 그러나 '하늘이 무너져도 솟아날 구멍이 있다'는 말처럼, 다행히 평소 쌓아온 신뢰 관계가 빛을 발했다. 많은 거래처에서 납기를 연장해 주거나 추가 일감을 주며 최 대표의 재기를 도왔다. 그렇게 위기를 극복한 그는 착실히 사업을 이어갔고, 공장 운영 3년 만에 '1억 원 모으기'의 꿈까지 이뤄냈다. 상경한 지 10년 만의 성과였다.

한 번 목돈을 모으자 사업은 눈덩이처럼 탄력을 받기 시작했다. 현재의 '주어링'으로 사명을 바꾼 것은 1996년이었다. 당시 수익성이 낮았던 OEM 방식을 과감히 중단하고 종로 한복판에 직영 매장을 열었다. 다른 공장에 납품만 하던 구조에서 벗어나, 주어링만의 제품을 직접 만들어 판매하는 시스템으로 전환한 것이다. 사업이 번창하면서 직원 수는 15명까지 늘어나며 회사는 새로운 전성기를 맞았다.

■· **외환위기가 기회로**

그러던 중 1997년 말, IMF 외환위기가 터졌다. 국가 비상사태는 사회 전반에 쓰나미 같은 변화를 몰고 왔고, 귀금속 업계도 거센

Jewering

B2B 귀금속 시장 선두 기업
주어링을 이끌고 있는 최점락 대표

파도에 휩쓸렸다. 특히, '금 모으기 운동'은 귀금속 시장의 판도를 완전히 바꿔놓았다. 소비자들이 귀금속을 사는 게 아니라 내다 파는 시기로 접어들었다.

그때까지만 해도 귀금속 유통시장을 장악했던 건 이른바 '황금당', '순금당'으로 불리던 동네 금은방이었다. 순금이나 루비, 사파이어 등이 주요 거래 품목이었다. 그러나 외환위기로 소비자들이 지갑을 닫자 귀금속 시장은 급속도로 얼어붙었고, 전국의 금은방이 잇따라 문을 닫았다. 한때 가장 번성했던 상권이었던 명동과 남대문 일대도 무너졌고, 귀금속 시장의 중심은 종로 2~3가로 옮겨갔다. 거의 모든 거래를 금은방에 의존하던 주어링도 긴장하지 않을 수 없었다.

하지만 위기는 누군가에게는 기회가 된다. 주어링에는 운이 따랐다. 기존 귀금속 시장의 90% 이상을 차지하던 순금과 루비, 사파이어의 비중이 줄어드는 대신, 상대적으로 가격이 저렴한 14K 제품이 각광받기 시작한 것이다. 비어 있던 금은방 자리를 '미니골드' 같은 14K 전문점들이 채워갔고, 주어링은 창업 초기부터 14K 제품을 주력으로 했던 덕에 이 흐름에 빠르게 적응할 수 있었다.

주어링은 오히려 일감이 밀려드는 호황을 맞았다. 15명이던 직원 수는 불과 두세 달 만에 30명으로 늘었고, 1년이 채 지나지 않아 직원은 100명을 넘었다. 그럼에도 주문량을 제때 맞추지 못할 정도로 급성장했다.

당시 신설동의 한 건물 한 층만 사용하던 최 대표는 7층 전체를 주어링 직원들로 채웠다. 외환위기로 인해 건물 임대료는 반값 수준으로 떨어졌고, 망한 회사에서 나오는 중고 설비는 10분의 1 가격으로 구입할 수 있었기 때문이다. 이 모든 조건은 주어링이 외환위기 속에서도 도약할 수 있는 발판이 되었다.

■■ 성장통 느끼자 늦깎이 공부

정신없이 사세를 확장하던 최 대표에게도 성장통이 찾아왔다. 외환위기의 충격이 어느 정도 안정세를 찾아가고, 나라 전체가 월드컵 열기로 들떠 있던 무렵이었다. 몸집은 커졌지만, 비슷한 품목을 생산하는 업체들이 늘어나면서 경쟁이 치열해졌고, 급기야 마이너스 성장을 기록하는 상황도 벌어졌다. 급변하는 경영 환경 속에서 최 대표는 조금씩 한계를 절감했다. 당시 심경을 최 대표는 이렇게 회고했다.

"회사를 계속 운영하려면 전문적인 경영 지식을 배워야 할 것 같다

슈퍼 강소기업

는 생각이 들었습니다."

　서른이 넘은 최 대표는 어린 시절 중단했던 학업을 다시 시작하
기로 결심했다. 2002년 고등학교 검정고시부터 치르고, 2006년
서울과학기술대학교 공예문화정보 디자인학과에 입학했다. 이
후 2010년 졸업과 동시에 경기대 보석마케팅 및 디자인경영학과
석사 과정에 등록했고, 2015년에는 같은 과 박사 과정에 입학해
2018년 학위를 취득했다.

　석·박사 과정을 통해 최 대표는 실전에서 체득한 경험과 학문
적인 배경을 접목하며 경영자로서 한층 단단한 내공을 다질 수 있
었다. 체계적인 디자인 이론과 해외 보석명품 브랜드의 성장 과
정, 국제 금 시장의 동향과 역사까지 배우며 넓은 시야를 갖추게
되었다.

　"운이 비교적 좋은 편이라고 생각하지만, 행동하지 않으면 타고난
　운도 발휘하기 어렵다고 믿습니다. 힘든 시간을 극복하기 위해 배
　움에 도전했고, 학위 과정을 통해 배운 지식과 경험이 체계적으로
　정리되면서 어려운 상황을 극복하는 지혜를 깨달아 갈 수 있었습
　니다. 이를 통해 지속 가능한 성장을 위한 밑거름을 차곡차곡 쌓아
　온 것 같습니다."

"산업이 쇠퇴하면 많은 기업이
무너집니다. 주어링은 40년간
지속 가능한 성장을 추구해 왔죠.
한 번 무너진 기업을 다시 세우는 건
새 기업을 시작하는 것보다 훨씬
어려우니까요. 그래서 위기가
올 때마다 그 너머의 기회를 보며
앞서 나가려 했습니다.
이제 우리의 목표는
100년 기업으로 성장하는 것입니다."

현재 주어링의 주요 거래처는 로이드, 미니골드, 해지스, 제이에스티나, 디디에두보, 스톤헨지 등이 있다. 연 매출은 100억 원선으로, 세공과 임가공 형태가 많은 귀금속 업계의 특성을 고려하면 상당한 규모다. 기업 간 거래(B2B) 중심의 귀금속 시장에서 선두 자리를 확고히 하고 있다.

2018년에는 귀금속 시장의 메카인 종로3가 한복판에 사옥을 신축하고, 건물 1층에 매장을 열어 직접 판매도 시작했다.

주어링은 직원들과 함께 성장하고 발전하는 것을 목표로 하는 최 대표의 소박하면서도 실천적인 경영 철학을 실현하고 있다. 이를 인정받아 2021년에는 고용노동부 장관상을 수상하며 고용 환경 우수 기업으로 선정되었고, 가족 친화 우수 기업 인증도 받았다. 한때 30여 명의 장애인을 고용하며 사회적 책임을 실천하기도 했다.

최근 경기 침체 상황에 대해 최 대표는 "기업은 어떻게든 생존해야 한다"는 점을 강조하며, 변화하는 환경 속에서도 지속 가능한 성장을 모색하고 있다.

"20여 년 전 상위 10개 기업 중 지금까지 남아있는 곳은 거의 없습니다. 문을 닫으면 다시 시작하기란 쉽지 않기에, 지속 가능한 경영이 무엇보다 중요하다고 생각합니다. 해외 명품 브랜드 역시 결국은 살아남은 기업들이 한 발 한 발 전진하며 또 위기를 극복해 지금의 자리에 서 있는 것이죠. 40년을 이어온 주어링도 100년 가는 기업으로 성장하는 것이 저의 목표입니다."

▪▪ 최점락 대표가 귀띔하는 귀금속 고르는 꿀팁!

40여 년 간 귀금속 관련 일을 해온 최 대표는 독자들을 위해 제대로 귀금속을 고르는 법에 대해 조언한다.

"천연 다이아몬드와 실험실에서 만들어진 랩 다이아몬드의 물리적, 화학적 성분이 99.9% 동일합니다. 랩 다이아몬드는 천연 다이아몬드보다 가격이 10분의 1에 불과하지만, 전문가조차 구분하기 어려울 정도로 비슷하죠. 가격 때문에 천연 다이아몬드가 부담스럽다면 랩 다이아몬드를 유사 상품으로 선택하는 것도 좋은 방법입니다."

또 해외여행을 갔다가 원석을 구매하려는 사람들에게도 직언한다. 현지에서 구매한 원석들 중 상당수는 품질이 형편없는 경우가 많다는 것이다.

"루비, 사파이어는 한국에서는 채굴되지 않는 광물로, 주로 동남아시아에서 생산됩니다. 현지 관광 중 원석을 구매하는 경우가 많은데 그곳에서 판매하는 루비, 사파이어는 등급이 많이 떨어지는 자투리 보석이 대부분입니다. 바가지를 쓰고 돌멩이를 사 왔다고 해도 과언이 아닙니다."

투자 목적으로 금을 구매할 때 기억해야 할 사항에 대해서도 조언한다.

"금에 투자한다면 순금 골드바가 가장 환금성이 좋습니다. 팔찌 형태로 구매할 수도 있지만 세공 과정에서 약간의 중량 손실이 발생할 수 있습니다. 또한 되팔 때 골드바가 팔찌보다 조금 더 높은 가격을 받을 가능성이 있습니다."

16

카페뮤제오

다양한 취향을 고려한 커피박물관

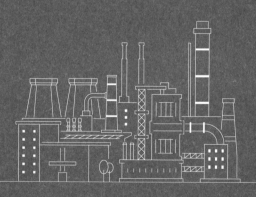

카페뮤제오는 이탈리아어로 '커피박물관'이란 뜻으로, 이탈리아 유학 중 경험한 커피 문화를 한국에 전파하고자 서동의 대표와 진수영 이사가 함께 창업했다. 인스턴트 커피가 시장의 99%를 차지하던 시절, 이탈리아 비알레띠의 모카포트 등 커피 기기 유통으로 시작해 2006년부터는 직접 로스팅을 시작하며 사업 영역을 확장했다. 창업 초기에는 월 매출 100만 원을 달성하기도 어려웠지만, 현재는 6500여 개의 커피 관련 상품을 취급하는 국내 최대 커피 용품 온라인 브랜드로 성장해 연 매출 220억~230억 원을 달성하고 있다.

■ C.o.E 커피를 낙찰받다

2018년 코스타리카 돈카이토 커피 농장의 '게이샤 화이트 허니' 품종이 C.o.E 경매에서 파운드당 111.21달러(*kg*당 약 32만 원)로 최고가에 낙찰됐다. 라벤더, 재스민, 장미 등의 꽃향기를 머금은 이 커피는 당시 코스타리카 C.o.E에서 1위를 차지했던 품종이었다.

C.o.E(Cup of Excellence)란 커피 농장에서 출품한 우수한 커피를 대상으로 커피 전문 감식가(Cupper) 등이 5차례 이상 엄격한 심사를 거쳐 선정하는 그 나라 최상위급 커피를 뜻한다. 이는 커피 경매를 가리키는 말로 쓰이기도 한다.

'게이샤 화이트 허니'는 시럽 같은 단맛과 실크처럼 부드러운 바디감[1]을 지닌 최상위급 커피다. 업계의 이목이 쏠렸던 이 커피의 낙찰자는 한국의 커피 제조·유통업체 카페뮤제오였다. 카페뮤제오는 이후 돈카이토 농장의 C.o.E를 4년 연속 낙찰받았다.

서동의 대표는 "세계 커피 산출량의 0.01%에 그치는 C.o.E 커피는 최상위 품질을 자랑한다"고 말했다. 카페뮤제오는 2020년에

1　　입안에서 느껴지는 무게와 질감

도 에티오피아 루무다모 농장에서 C.o.E 2위였던 커피를 낙찰받았다. 낙찰가도 높았지만, 아프리카에서의 첫 경매라는 상징성과 더불어 미국, 덴마크, 호주, 체코 등 국가의 업체와 공동 낙찰해 카페뮤제오의 이름을 각인시켰다.

2021년에 낙찰받은 커피는 하와이 PCA 농장의 '티파카'와 '파카마라' 품종이다. 하와이 특유의 스파이시한 향과 캔디 같은 단맛이 매력적인 커피다. 카페뮤제오는 하와이 알로하 힐 농장과 블랙 록 농장에서도 커피를 들여와 지금까지 로스터리[2]에 소개하고 있다.

▪ 전 세계 최상위 0.01% 커피 보급

카페뮤제오는 커피 유통·제조 업계에서 '대한민국 커피 1세대 브랜드'로 통한다. 카페뮤제오가 설립된 건 2002년이다. 이른바 '봉지커피'로 불리는 인스턴트 제품이 국내 시장의 99%를 장악했던 시절이다. 지금은 교회보다 많다는 커피 프랜차이즈도 당시엔 드물었다.

카페뮤제오는 이탈리아어로 Caffe Museo, '커피박물관'이란 뜻

---

2   roastery, 커피의 생두를 로스팅 기계로 볶아서 원두로 만드는 공간

이다. 삼성전자에서 디자이너로 일하다 복원 미술을 배우기 위해 이탈리아로 유학을 떠났던 진수영 카페뮤제오 이사가 제안한 명칭이다.

창업 아이디어를 제안한 것도 진 이사였다. 이탈리아의 하숙집 주인아주머니가 내려준 에스프레소에 반했던 진 이사는 한국에 이탈리아의 커피 문화와 맛을 알리자는 뜻을 서 대표에 전했고, 둘은 의기투합했다. 실제 이탈리아는 커피 문화의 발상지로 꼽힌다. 에스프레소의 기원이기도 하고 카페라테, 카푸치노 등도 이탈리아에서 유래된 용어다.

카페뮤제오는 먼저 커피 기기 유통업으로 출발했다. 이탈리아에서는 노숙자를 제외하곤 전 국민이 가지고 있다는 이탈리아의 국민 브랜드 비알레띠의 모카포트(커피 추출기) 등을 수입해 판매했다. 온라인 쇼핑몰 플랫폼도 구축했다.

커피 문화를 전파하겠다는 도전과 성취감은 컸지만, 사업을 꾸려나가는 일은 만만치 않았다. 커피 문화의 불모지에 가까웠던 한국은 원두커피 시장이 제대로 형성되기 전이었고, 전자상거래도 소비자에게 익숙하지 않아 매출로 바로 연결되기 쉽지 않은 상태였다.

"국내에 커피 문화를 알리는 재미가 있었지만, 한 달에 100만 원 매출을 올리기도 힘들었어요. 영어 과외를 하거나 여러 아르바이트를 하며 버텼죠."

원두커피 시장의 선도적 위치에 있던 카페뮤제오는 인터넷 게시판 등을 통해 자연스레 커피 문화와 관련된 다양한 콘텐츠를 알리는 역할을 담당했다. 커피 기기에 대한 자세한 사용 정보는 물론 풍부한 사진 콘텐츠를 제공했다. 홈페이지를 통해 커피 문화를 지속적으로 전파하면서 카페뮤제오는 커피 마니아층이 주로 찾는 허브이자 바이블로 인식되기 시작했다.

2006년부터는 직접 로스팅을 시작하며 커피 제조업으로 영역을 넓혔다. 용인에 커피 공장을 설립하고 '갓 볶은 커피'라는 브랜드도 출시했다. 처음엔 생두를 수입해 로스팅하던 카페뮤제오는 2008년부터 직접 생두 산지를 방문해 커피 애호가의 눈높이를 맞출 수 있는 품종을 들여왔다. 단순히 음료가 아닌 커피 문화의 가치를 보급하겠다는 창업 목표에 따라 서 대표는 처음부터 고급 커피를 겨냥했다.

차츰 커피 로스팅 분야의 내공을 쌓아가던 카페뮤제오는 2021년 특수 가공 커피를 국내에 소개했다. 특수 가공 커피는 효모[3],

---

3   yeast, 효모를 이용하여 커피를 발효시킴으로써 풍미를 강화하거나 새로운 맛을 창출할 수 있다.

매일 아침 다양한 원두를 로스팅하고
평가하는 카페뮤제오의 서동의 대표

"커피를 감별하는 로스터의 수준에 많이
신경 쓰고 있어요. 카페뮤제오는
로스터의 후각과 미각을
꾸준히 개발하기 위해 매일 20~30종의
커피를 볶습니다. 하루에 이렇게 다양한
종류의 품종을 볶는 회사는 거의 없어요."

냉동, 암실 등을 활용한 다양한 방식의 발효 커피를 말한다. 이중 '예맨 알케미'는 농익은 과일의 맛과 향으로 커피 업계 종사자뿐 아니라 일반 소비자들에게도 높은 관심을 받았던 제품이다.

2023년엔 콜롬비아 산 라파엘 농장에서 '산 라파엘 워터멜론' 품종을 들여왔다. 수박, 멜론 향이 짙어 직관적으로 맛과 향을 느낄 수 있는 커피다. 국내에 소개한 '인퓨즈드 커피'도 이 농장에서 재배한 품종이다. 커피 열매를 발효하는 과정에서 이스트를 넣어 특정 향미를 돋보이게 만드는 가공 방식의 커피다.

▪▪ 커피 감별하는 로스터 수준 높아

카페뮤제오는 현재 파나마, 에티오피아, 콜롬비아, 코스타리카, 미국(하와이) 등 다양한 국가의 커피를 수입해 품질과 가격을 동시에 만족할 수 있는 40여 종의 원재료를 소싱하고 있다.

"세계 각국 커피 산지의 생산자와 독점적이고 오래된 네트워크를 유지하고 있는 점과 수년간 커피 관련 콘텐츠를 보유하고 있다는 것이 우리의 강점 중 하나라고 생각합니다."

이렇게 조달한 커피의 품질을 유지하는 카페뮤제오의 핵심 공간은 2006년 세운 '로스팅 센터'다. 원두커피 외에도 티백, 드립백 등 다양한 제품을 이곳에서 개발했다. 소비자에게 최상의 품질의 제품을 공급하기 위해 당일 출고분은 당일 볶는 것도 카페뮤제오의 원칙 가운데 하나다.

"로스터의 커피 감별 능력은 매우 중요합니다. 왜 로스터가 직접 커핑(cupping)을 해야 할까요? 커핑은 로스터가 커피의 맛과 향을 전문적으로 평가하는 과정입니다. 이 과정을 통해 로스터는 각 커피 품종만의 고유한 특징을 깊이 이해하고, 원두의 품질을 정확하게 판단하며, 로스팅 결과를 직접 확인하고 개선할 수 있습니다. 좋은 로스터가 되기 위해서는 이러한 커핑 능력이 필수적입니다."

로스터의 역량은 업계 최고 수준이라는 평가를 받고 있다. 2022년에는 해외 산지에서 들여온 '콜롬비아 로즈 허니'로 카페뮤제오의 로스터가 국내 대회인 '골든 커피 어워드 로스팅'에 출품해 2위를 차지하기도 했다. 2019 대한민국 로스팅 챔피언십 우승자도 카페뮤제오에서 배출했다. 직원에게도 커피 문화에 대한 소양을 키우기 위해 에티오피아, 파나마 등의 커피 산지를 체험하는 기회를 제공하고 있다.

"2019년과 2022년에는 월드 커피 이벤트 대회에 참가하는 국가대표급 로스터를 배출했습니다. 로스터 부문의 기능 올림픽 같은 대회입니다. 다른 회사와는 차별화되는 수준급의 로스터를 다수 확보하고 있다는 게 카페뮤제오의 핵심 경쟁력이죠."

▪▪ 대한민국 커피산업 발전에 기여

'기업을 위한 지름길은 없다.' 이 경영 철학을 바탕으로 23년을 묵묵히 걸어온 카페뮤제오는 원두, 드립 용품 등 6500여 개의 커피 관련 상품을 수입·판매하는 국내 최대의 커피 용품 전문 브랜드로 성장했다. 지마켓, CJ오쇼핑, 쿠팡 등 주요 온라인 플랫폼은 물론 스타벅스 같은 유명 프랜차이즈와도 거래하고 있다. 연 매출은 약 220억~230억 원 선이다.

카페뮤제오의 선구자적 행보와 맞물려 국내 커피 산업도 비약적인 성장세를 이어오고 있다. 한국은 이미 세계적인 커피 소비국으로 올라섰다. 2022년 기준 한국의 커피 시장 규모는 3조 원을 돌파했다. 커피 소비량은 2018년 대비 30% 증가했다. 한국의 커피 소비량은 1인당 405잔으로 전 세계 1위인 프랑스 551.4잔에 이어 2위를 기록했을 정도다. 3위인 미국도 318잔에 그친다. 커피 전문점 수도 해마다 증가하는 추세다.

커피 문외한에 가까운 소비자로서 '좋은 커피란 어떤 것이냐'고 묻자 서 대표는 이렇게 답했다.

"좋은 커피는 맛뿐만 아니라 생산 과정, 신선도, 추출 방식, 그리고 마시는 사람의 취향과 기대를 모두 만족시키는 커피라고 할 수 있습니다."

다양한 문화가 공존할 때 사회가 더욱 풍요로워지듯, 커피 문화도 다양성을 갖고 있어야 한다. 그동안 서 대표는 다양한 커피 문화를 소개하면서 국내 커피 산업에 기여했다는 자부심이 크다. 앞으로도 소비자들이 다양한 커피를 맛보게 하는 역할에 최선을 다할 그의 여정이 기대된다.

17

코테크시스템

OCR 오독률 0%에 도전하는 기업

코테크시스템은 인공지능 학습용 데이터 구축과 OCR 기술을 선도하는 기업으로, 민현정 대표는 창립 멤버로 활동하다 2016년부터 대표직을 맡아오고 있다. 직원들과의 소통을 중시하며 생일 식사, 문화체육활동비 지원, 유연 근무제 등 다양한 복지제도를 운영하고 있다. 이러한 노력의 결과로, 10년 이상 근속자가 전체 직원의 4분의 1에 이를 정도로 높은 직원 만족도를 유지하고 있다. 코테크시스템의 사업은 대학수학능력시험 판독 등 공공기관 프로젝트가 80%를 차지하며, 최근에는 AI 기술을 활용한 포장 영상 자동화 솔루션과 K-콘텐츠 흥행 예측 시스템 등 새로운 사업 영역도 개척하고 있다.

■ 문턱 없는 집무실이 상징하는 것, 소통

서울 신당동 코테크시스템 사옥 맨 위층에 있는 민현정 대표 집무실에는 문턱이 없다. 직원들이 하도 왔다 갔다 해서 문턱이 닳았기 때문이다.

"우리 회사는 공공기관 등 외부와 프로젝트를 통해 운영되는 곳입니다. 이러한 업무 특성상 고객사와 협업하거나 내부 직원들이 소통하는 과정에서 어려움이 생길 때가 많습니다. 사람 간의 의견이 자주 충돌하기 때문이죠. 이런 이유로 직원들의 고충을 이해하고 경청하는 것이 무엇보다 중요하다는 것을 느꼈습니다. 그래서 직원들이 언제든 편하게 제 방을 드나들 수 있도록 출입문을 없애고, 문턱조차 없앴습니다.(웃음)"

민현정 대표는 몇 년 전부터 직원들의 생일을 기념해 생일자와 꼭 단둘이 식사를 함께하고 있다. 이는 직원들과의 소통을 중요하게 여기는 철학에서 비롯된 것이다.

"식사하면서 자연스럽게 대화를 나누다 보면 직원들을 좀 더 깊이 이해할 수 있어요. 개인적인 성향을 파악할 수 있을 뿐 아니라 회사 내에서 형성된 다양한 관계를 엿볼 기회도 생기죠. 특히 일하면서 겪는 어려움을 알아차리는 데도 큰 도움이 됩니다. 물론 작은 생일 선물도 잊지 않고 준비해요."

민 대표가 직원들과 대화와 소통을 중요하게 여기는 이유는 코테크시스템이 IT 프로젝트 기반의 사업을 운영하기 때문이다. 프로젝트의 성공을 위해서는 매니저(PM)와 팀장, 팀원 간 협업이 필수적이어서 작은 불협화음이라도 발생하면 프로젝트가 원활히 진행되지 않을 위험이 있다. 민 대표는 코테크시스템 창립 멤버로 대리, 과장, 차장, 부장, 상무를 거치며 다양한 직책을 경험했고, 2016년부터 대표로서 회사를 이끌고 있다. 코테크시스템의 2대 주주이기도 한 그는 경영을 총괄하며 조직의 안정과 발전을 책임지고 있다.

"1991년, 대학원에서 석사 과정을 밟고 있을 때였습니다. 당시 OCR(광학적 문자인식)[1] 기술을 연구하던 카이스트 물리학과 랩과 협

---

1   Optical Character Recognition, 광학 문자 인식 기술을 활용해 인쇄된 텍스트나 손으로 쓴 글자를 디지털 텍스트로 변환하는 소프트웨어 혹은 하드웨어 시스

업 프로젝트를 진행했는데, 제가 만든 알고리즘으로 인식률을 끌어올리는 작업이 정말 재미있었어요. 그 경험이 제게 큰 동기를 줬습니다. 그래서 박사 과정에 진학하는 대신 회사 창립 멤버로 참여하기로 결심했죠."

대학에서 불어불문학을 전공한 불문학도가 OCR의 매력에 푹 빠져 회사를 운영하는 CEO가 된 것은 이례적이다. 민 대표 자신이 한 단계씩 성장해 온 만큼 직원들의 니즈를 깊이 이해하고 공감할 수 있는 리더가 되었다. 여기에 엄마로서, 아내로서의 마음이 더해져 더욱 세심한 관리와 소통이 가능했다.

"돈도 돈이지만 개발자들 대부분은 성장과 스킬 향상을 추구해요. 개발자들에게 회사 생활에서의 행복은 곧 '성장'이라고 해도 과언이 아니죠. 이들의 이런 성향을 잘 이해하고 적절하게 배치하는 것이 중요합니다. 반복적인 업무를 선호하는 사람이 있는가 하면 반복되는 업무만 계속 맡기면 퇴사를 고민하는 사람도 있어요. 두 가지 성향을 잘 파악해 업무를 배분하는 것이 회사와 직원 모두를 위한 핵심이라고 생각합니다."

템을 의미.

■ 말의 힘, 근속연수를 높이다

항상 인력이 부족한 상황에서 연봉 수준이 높은 개발자들로 팀을 구성해 회사를 운영하다 보니 후한(?) 급여 정책을 고려하지 않을 수 없다.

"대기업만큼은 아니지만 가능한 한 높은 급여를 제공하려고 항상 노력하고 있어요. 주로 저연차 개발자를 채용해 성장시키다 보니, 업계에서는 우리를 '코테크 아카데미'로 부르기도 하죠.(웃음) 신입은 꾸준히 채용하고 있지만 핵심은 3~4년차 개발자들을 잡는 데 있어요. 개인차는 있겠지만 이 시기에 연봉을 과감하게 인상해 주는 것이 우리만의 노하우라면 노하우입니다."

돈도 돈이지만 말이 주는 효과는 그 이상이다. 민현정 대표 역시 매년 40여 명의 임직원을 개별적으로 만나 매년 연봉 협상을 진행한다. 이 과정에서 빠지지 않는 것은 바로 '따뜻한 말'이다. 민대표는 연봉 협상이 단순히 숫자를 맞추는 과정이 아니라 지난 1년을 돌아보며 직원 한 사람, 한 사람의 노고를 치하하는 소중한 기회라고 강조한다. 이러한 방식은 의외로 경영에 큰 효과를 가져오고 있으며, 직원들에게도 의미 있는 시간이 되고 있다.

슈퍼 강소기업

"회사의 식구 한 사람, 한 사람과 연봉에 대해 이야기할 때, '고생 많이 했다. 고맙게 생각한다. 프로젝트를 하면서 마음고생 많이 한 것도 충분히 안다. 회사를 위해 정말 중요한 일을 했다' 등 직원의 자존감을 높이는 것이 중요하다고 생각해요. 물론 말만으로 설득하는 게 항상 쉬운 일은 아니지만 진심 어린 대화는 직원들에게 큰 의미로 다가갈 수 있다고 믿습니다."

특히 민현정 대표는 연봉 협상 과정에서 직원과 약속한 사항은 반드시 지키려고 노력한다. 그는 말뿐인 약속이 결국 불신을 초래한다는 사실을 누구보다 잘 알고 있기 때문이다. 이러한 신뢰를 바탕으로 한 노력 덕분에 코테크시스템은 이직률이 매우 낮은 편에 속한다.

"회사에는 20년 이상 근무한 직원들도 있고, 10년 이상 근속한 직원도 전체의 4분의 1 수준인 10여 명에 달해요. 이를 기념하기 위해 10년 근속, 20년 근속 임직원들에게 금 열쇠를 선물로 드리고 있어요. 의미 있는 전통으로 시작했는데, 요즘 금값이 계속 오르다 보니 걱정도 조금 되네요.(웃음)"

코테크시스템은 직원들에게 문화체육활동비도 지원하며 긍정

"회사를 무리하게 성장시키겠다는
욕심은 없어요. 관련 시장이
크지 않은 것도 있지만 저와 직원들이
함께 발전하고, 자신이 하는 일을
재미있어 하고,
그에 따른 합당한 보상을 받는 것이
더 중요하다고 생각합니다.
그런 과정이야말로
소소한 행복이 아닐까요?
또 일감을 선택할 때 직원들이
너무 싫어하는 일은 애초에 받지 않아요."

적인 변화를 이끌어내고 있다. 제도 도입 초기에는 걱정도 있었지만, 기우에 불과했다. 네 명만 모이면 일정액을 지원받는 이 제도는 궁궐 야간 투어, 당구, 실내 클라이밍, 캠핑, 영화, 풋살, 노래방 등 다양한 활동으로 확대되며, 직원들이 업무를 떠나 사내 여러 구성원들과 취미를 공유하고 단합과 소통을 강화하는 계기가 되었다.

민 대표는 여기에 더해 직원들의 성장과 자기계발을 돕기 위해 스터디그룹, 자격증 시험, 교육비, 도서 구입비 지원을 아끼지 않는다. 또한 생일·명절·복날 선물과 같은 소소한 행복도 꼼꼼하게 챙긴다. 생일자는 당일 오전 근무 후 퇴근할 수 있으며, 매달 마지막 주 금요일은 조금 일찍 퇴근하는 '해피 프라이데이 제도'도 운영하고 있다. 출퇴근 시간을 자율적으로 조정할 수 있는 유연 근무제 역시 시행하고 있다. 민 대표가 추구하는 것은 안정적인 성장이며, 이 과정에서 직원들과 함께 나아가는 것을 최우선으로 하고 있다.

"회사를 무리하게 성장시키겠다는 욕심은 없어요. 관련 시장이 크지 않은 것도 있지만 저와 직원들이 함께 발전하고, 자신이 하는 일을 재미있어 하고, 그에 따른 합당한 보상을 받는 것이 더 중요하다고 생각합니다. 그런 과정이야말로 소소한 행복이 아닐까요? 또 일감을 선택할 때 직원들이 너무 싫어하는 일은 애초에 받지 않아요. 모두가 즐겁게 일하고, 가족처럼 함께하는 회사를 만들어가는 것이 저의 바람입니다."

■■ 영업 비밀

민 대표는 새로운 도전을 즐기는 성향으로 잘 알려져 있다. 개발자가 중심이었던 코테크시스템에서 비전공자인 그가 살아남고 성장할 수 있었던 것도 끊임없이 새로운 일에 도전했기 때문이다.

"한 회사에서 이렇게 오랫동안 일할 수 있었던 이유를 돌이켜보면 항상 새로운 기술을 개발하고 적용하면서 매번 다른 일을 해왔기 때문인 것 같아요. 회사 초창기에는 문자 인식 후처리 알고리즘 개발, 음성인식을 활용한 어린이 영어 회화 프로그램 개발부터 시작해서 온라인 한자 쓰기 프로그램 등 다양한 프로젝트를 진행했습니다. 새로운 아이디어를 실현하고 개발하는 게 힘들긴 했지만 매너리즘에 빠지지 않고 오히려 동기를 얻어 계속 일할 수 있었던 것 같아요. 개발 실력뿐 아니라 다양한 사업의 프로젝트 매니저(Project Manager)를 맡으면서 쌓은 사업 관리 노하우, 사업부를 운영하며 익

슈퍼 강소기업

힌 인력 관리와 고객 관리 능력을 인정받아 대표 자리까지 오를 수 있었던 것 같습니다."

민 대표는 자신의 MBTI[2] 유형을 소개하며 '상당한 E'에 해당한다고 말했다. 이는 매우 외향적인 성격을 가지고 있다는 뜻이다.

"사람을 많이 만납니다. 대화를 좋아하고, 그 과정에서 많은 위로와 에너지를 얻기도 해요. 하지만 사람을 자주 만나려면 체력이 뒷받침되어야 하더라고요. 그래서 매일 오전 6시 30분에 일어나 운동하고 출근해요. 처음에는 출근 전에 운동하면 하루가 피곤할 줄 알았는데 오히려 생기가 돌고 더 활력이 넘치더라고요. 점심시간에는 주 2회씩 필라테스 강습도 받으며 체력을 꾸준히 관리하고 있습니다."

민 대표는 퇴근 후에는 최대한 회사 생각을 하지 않으려고 노력한다. 주말에는 여행을 자주 다니며 지친 심신을 달래고, 새로운 에너지를 충전하는 시간을 갖고 있다.

---

2   Myers-Briggs Type Indicator, 개인의 성격을 16가지 유형으로 분류하는 도구로 사람들의 심리적 선호를 기반으로 한 성격 유형을 파악하는 데 사용한다.

"어차피 회사 일은 죽고 사는 일이 아니기 때문에 퇴근 후에는 일부러 회사 생각을 하지 않으려고 노력해요. 물론 잘 안 될 때도 있어요. 그래서 모바일 사내결재 앱도 깔지 않았어요. PC로 사내결재하면 되니까요. 빨간 날에는 무조건 여행을 떠나려고 해요. 특히 매년 2월 직원 연봉 협상이 끝난 후에는 조금 긴 여행을 다녀와야 비로소 제대로 충전되는 느낌이 들더라고요."

E 성향을 가진 민현정 대표지만 술이나 골프로 영업을 하지는 않는다. 대신 영업은 기술적인 리서치와 상담 등으로 이루어진다. 민 대표는 자신의 영업 비밀에 대해 이렇게 말한다.

"고객들에게 평소 기꺼이 도움을 주고, 이를 통해 관계를 유지하는 데 집중해요. 특히 기술적인 컨설팅을 제공하면서 우리가 굳이 하지 않아도 될 일까지 도와드리는 것이 제 영업 노하우라면 노하우예요. 모든 프로젝트에서 고객이 만족할 때까지 최선을 다해 맞추려고 노력해요. 그런 자세 덕분인지 한 번 수주하면 지속적으로 일을 맡기는 고객들이 많고, 10년 넘게 일감을 주는 곳도 꽤 있습니다."

적극적인 연구 개발을 통해
온라인 시장을 선점해 나가는 민현정 대표

■■ 회사의 미래를 좌우하는 것들

인공지능(AI)은 코테크시스템과 민 대표에게는 딜레마다. AI는 경쟁자가 될 수도 있지만 어떻게 활용하느냐에 따라 새로운 사업 기회를 열어주는 강력한 도구가 될 수도 있기 때문이다. AI의 흐름은 거스를 수 없는 대세라는 점에서 민 대표는 이 기술을 최대한 잘 활용하기 위해 노력하고 있다. 특히 코테크시스템의 기술과 노하우를 AI와 접목해 더 나은 서비스를 제공하고 새로운 시장을 개척할 방안을 꾸준히 모색하고 있다.

"안면 인식, 음성 인식 등 시대의 흐름보다 많이 앞서 시작한 기술들이 한동안 사업화되지 못했지만 이젠 AI 덕분에 이런 것들이 너무 쉽게 구현되는 시대가 됐어요. 인식 분야에서 노하우를 쌓아온 결과 AI 기술을 관련 분야에 자연스럽게 적용하고 도입할 수 있게 되었죠. 오히려 이런 경험 덕에 AI를 빠르고 효과적으로 활용할 수 있는 강점을 가지게 되었습니다. 앞으로의 사업 방향은 우리의 고유 기술과 AI를 동시에 활용해 시너지를 극대화하는 데 중점을 둘 예정입니다."

슈퍼 강소기업

'포장 영상 자동화 솔루션[3]'이 그 대표적인 사례다. 이 솔루션은 AI와 우리의 자체 판독 기술을 결합해 별도의 장비 없이도 단순히 CCTV로 녹화만 하면 AI가 운송장을 자동으로 탐지하고 이를 인식해 저장한다. 이 기술은 기존의 복잡한 장비나 시스템을 대체하면서도 높은 정확도와 효율성을 제공하는 것이 강점이다. 고객들이 비용을 절감하면서도 업무를 자동화할 수 있는 실질적인 도움을 주기 위해 개발한 솔루션이다. 민 대표는 이 기술에 대해 다음과 같이 설명한다.

"이 솔루션을 통해 블랙컨슈머에 대비할 완벽한 증거 자료를 만들 수 있어요. 택배 포장 시 활용할 수 있도록 클라우드 기반으로 구성했으며, 구독 서비스 형태로 제공할 수도 있습니다. 택배 물량이 계속 증가하는 상황에서 포장 업무의 효율성을 유지하면서 증거 영상을 저장하고 발송할 수 있기 때문에 물류업체들이 활용도가 높을 것으로 기대하고 있어요."

---

3   Packaging Video Automation Solution, 물류 및 전자상거래 분야에서 포장 과정을 영상으로 기록해 배송 과정의 투명성과 신뢰성을 높이는 시스템. 고객의 클레임을 예방하고, 배송 분쟁을 해결하며, 물류 효율을 관리하는 데 도움을 준다.

코테크시스템은 손으로 쓴 글씨 인식률 분야에서 최고라고 자부하고 있다. 실제로도 그렇다. 1990년대 초반부터 30년 넘게 연구 개발을 통해 OCR 엔진을 고도화해 온 결과다. 업계에서 오랜 시간 명맥을 유지하면서 생존해 온 것 자체가 그들의 기술력을 증명한다.

이제는 이 기술을 AI와 결합해 AI 머신 비전[4]으로까지 발전시키며, 기존의 OCR 기술을 뛰어넘는 새로운 솔루션을 제공하고 있다. 이를 통해 다양한 산업군에서 활용할 수 있는 가능성을 열어가고 있다. 이에 대해 민 대표는 이렇게 말한다.

"인터넷과 AI의 등장은 회사에 변곡점을 가져왔어요. 이 파도를 얼마나 잘 타느냐에 따라 회사의 미래가 달라질 거예요.

영화나 드라마의 대본을 입력해 빅데이터로 만들어 미래의 흥행 여부를 미리 판단하는 과제를 한국콘텐츠진흥원, 이화여대와 함께 진행하고 있어요. 대본이 넘치고 작품 제작에 많은 인력과 비용이 들어가다 보니 OCR 기술과 AI를 이용해 흥행을 할지 여부를 미리

---

4   AI Machine Vision, 인공지능 기술을 활용해 이미지를 분석하고 이해하는 시스템을 의미한다. 머신 비전은 컴퓨터 비전의 한 분야로 비디오카메라, 이미지 센서, 알고리즘을 사용해 실제 세계의 시각적 정보를 처리하고 해석한다.

알 수 있다면 정말 많은 자산을 아낄 수 있을 거예요."

코테크시스템은 OCR과 관련한 문자 인식, 광학마크 인식, 바코드 인식, 판독 대행 서비스를 비롯해 AI 분야에서는 AI 컴퓨터 비전, AI 자연어 처리, AI 음성 인식 및 소음 제거, AI 예측, AI 추천 기술 등을 보유하고 있다. 또한 블록체인 기술과 SI 부문에서는 웹 기반 업무 관리 시스템 구축, 응용 서비스 개발, 시스템 운영 및 유지 보수 등의 서비스를 제공하고 있다.

이러한 기술력 덕분에 코테크시스템은 수주 사업의 약 80% 정도가 공공기관 프로젝트가 차지하고 있다. 그 대표적인 사례로 한국교육과정평가원에서 진행하는 대학수학능력시험 판독을 전담하고 있으며, 국립국제교육원이 주최하는 외국인 대상 한국어능력시험(TOPIK)도 포함된다. 이외에 한국고용정보원(직업심리검사 시스템), 한국지능정보사회연구원(인공지능 학습용 데이터 구축), 국가평생교육진흥원(국가평생학습포털 등), 질병관리청(결핵통합관리시스템 등) 등도 주요 고객이다.

"종이 없는[5] 환경으로 전환되면서 문서 판독에 대한 수요가 줄어드

---

5   paperless, 일반적으로 디지털 형식으로 정보를 처리하거나 저장하는 방식을

는 것은 예견된 일이었어요. 다행스럽게도 아직 시험과 같은 분야에서는 여전히 판독 기술이 중요한 역할을 하고 있죠.

우리는 이러한 환경 변화에 대응하기 위해 온라인 시험, 온라인 채점 등 새로운 영역도 적극적으로 개발하고 있어요. 앞으로도 변화에 발맞춘 연구 개발을 통해 온라인 시장을 선점하기 위해 노력할 거예요."

코테크시스템은 AI를 활용한 다양한 교육 및 학습 지원 솔루션을 연구 개발하고 있다. 대표적으로 도서 검색 및 추천, 어휘 학습 등을 지원하는 '책열매', 교실 수준의 핵심 역량을 컴퓨터 기반 평가로 구현해 단순한 평가를 넘어 적절한 피드백까지 제공하는 '핵심역량 평가 시스템' 그리고 학습 준비도, 학습 저해 요인, 학습 습관 등을 구조화하여 기초 학력을 진단하는 도구를 개발하는 '국가기초학력지원센터' 등이 있다.

이러한 솔루션들은 교육 분야에서 기술과 데이터를 활용하여 학습 효과를 극대화하고, 개인 맞춤형 학습 환경을 제공하기 위해 설계되었다.

나타낸다. 이 개념은 종이 문서 대신 전자 문서, 이메일, 디지털 파일 등을 사용해 종이 사용을 줄이거나 없애려는 노력을 의미한다.

슈퍼 강소기업

18

크리니티

협업의 새로운 패러다임을 열다

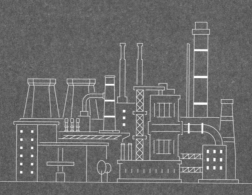

크리니티는 IMF 구조조정 시기에 유병선 대표가 설립한 이메일 솔루션 전문기업이다. 설립 초기 메일 보안 솔루션으로 시작해 현재는 이메일 협업·보안 분야 1위 기업으로, 다양한 보안 솔루션을 개발하고 10년 넘게 공직자 통합 메일을 구축·운영하며 공공기관 SaaS 클라우드 메일 시장을 선도하고 있다. 2023년에는 올인원 협업툴 '써팀(SirTEAM)'을 출시하였으며, 해외 진출 실패의 경험을 발판으로 일본을 시작으로 한 글로벌 시장 재도전을 준비하고 있다. 신뢰, 행복, 도전이라는 세 가지 동력을 바탕으로 '탁월한 소통 기술로 행복한 삶 세상을 만드는 데 앞장서자'는 비전을 추구하며, 26년간의 기술력과 노하우로 국내 최고의 메일 보안 전문기업으로 자리매김했다.

■░ '써팀', 협업의 새로운 패러다임

크리니티는 설립 초기 웹메일 솔루션을 통해 기반을 다졌다. 그 결과 이메일 협업, 보안 분야에서 기술력, 인재력, 사업력을 발휘하며 관련 업계 솔루션 기업 1위 자리에 올랐다.

회사는 계속해서 새로운 솔루션을 개발했다. 이후 CC인증[1]을 받은 스팸차단 솔루션 'SPAM Breaker', 각각 GS인증[2]을 받은 웹메일 솔루션 'Messaging'과 정보 유출 방지 솔루션 'MAIL Breaker', 아카이빙 솔루션 'Archiving'을 잇따라 선보였다.

아울러 2013년부터 현재까지 10년 넘게 공직자통합메일도 구축해 위탁 운영하고 있다. 공공기관 전용 SaaS 클라우드 메일인 'G-Cloud 공공메일'을 선보여 2021년에는 공공기관 SaaS 클라우드 메일 전환 실적 1위를 달성하기도 했다.

---

1 Common Criteria Certification, 정보 보호 제품의 보안성을 평가하고 인증하는 국제 표준 제도

2 Good Software, 소프트웨어 제품의 품질을 보장하고 판로를 지원하기 위해 시행되는 국가 품질인증 제도다. 이 인증은 ISO 국제 표준에 준하는 기능 적합성, 성능 효율성, 사용성, 신뢰성, 보안성 등을 평가한다.

'korea.or.kr'을 사용하는 335개 기관, 95만 명의 공무원이 이용하는 G-클라우드는 공공기관 메일 시스템의 보안 가이드라인을 100% 준수한다. 사칭 메일 방지를 위한 멀티백신과 메일보안기술을 적용해 도메인 검증을 통한 악성 메일 판별이 가능하다. 또한 다양한 메일 스킨, 드래그 앤 드롭(Drag & Drop) 지원, 멀티 탭(Multi Tab) 방식 메뉴 등 사용자가 쓰기 편하게 만든 것은 물론이다.

메일 기반의 '써팀(SirTEAM)'은 크리니티의 대표 프로그램이다. 2023년 상반기에 출시된 써팀은 메일, 메신저, 캘린더, 게시판, 워크플로우, 드라이브, 주소록, 대시보드, 스팸차단 기능을 모두 갖춘 '올인원 협업툴'이다.

특히 써팀은 보안을 위한 국제표준기술을 탑재해 보안성과 안정성을 높인 것뿐만 아니라, 고객사마다 전담 엔지니어를 배정해 문제가 생겼을 때 빠르고 효율적으로 대응한다. 아울러 1대1 맞춤형 컨설팅을 통해 고객 만족도를 극대화하고 있다.

"써팀은 불필요한 시간을 줄이고, 기업이 핵심 업무에 집중할 수 있도록 한 커뮤니케이션 기반의 소통 도구이자 시간 관리형 모델입니다. 써팀의 'sir'에는 '존중'의 의미가 녹아 있습니다. 모든 사람이 존중받기를 원하니까요. 고객을 존중하고 소통을 잘하는 솔루션, 그것이 바로 우리가 추구하는 행복경영의 방향입니다."

슈퍼 강소기업

크리니티는 썬팀의 메일 기능이 포함된 비즈니스 협업 플랫폼 'C-라운지'를 인도네시아 리전에 있는 AWS에서 서비스하고 있다. 관련 서비스는 고객들의 피드백을 바탕으로 향후 아시아 시장까지 넘본다는 계획이다.

26년간 쌓아온 기술력과 노하우로 크리니티는 국내 최고의 메일 보안 전문기업의 입지를 단단히 다져나가고 있다. 크리니티는 기술의 충실성, 보안의 최신성을 유지하는 동시에 운영 기술력까지 두루 겸비하고 있다. 특히 보안에 특화돼 있다는 것이 가장 큰 장점이다. 또한 애자일 문화를 도입해 새로운 기술을 과감히 시도하고, 실패를 통해 빠르게 배우는 문화가 회사의 핵심 경쟁력이다.

■■ 창업

크리니티는 '아픔'에서 태동한 기업이다. 유 대표가 90년대 초·중반에 다니던 가산전자가 IMF로 위기를 만나면서 구조조정을 당할 수밖에 없었기 때문이다. 생계를 책임지던 회사가 극도로 어려워져 기약 없이 퇴직해 '백수'가 되는 경험은 겪어보지 않은 사람은 모른다.

그때 유 대표는 사업을 해야겠다고 마음을 먹었다. 그리고 실

제로 실천에 옮겼다. 기업가로서 '제2의 인생'에 도전장을 던진
것이다.

"1차에 이어 2차 구조조정이 진행되면서 저도 회사를 그만둘 수밖
에 없었습니다. 같이 나온 동료들에게 매달 100만 원밖에 줄 수 없
을 것 같은데 그래도 한번 해보지 않겠느냐고 제안했죠. 당시 일반
직장인의 월급이 150만~200만 원 수준이었으니, 100만 원은 그저
상징적인 액수였습니다. 그렇게 서너 명이 같은 배를 탔습니다."

회사로부터 퇴직금 대신 받은 책상 등 사무실 집기로 서울 양재
동에 보증금 1000만 원짜리 공간을 마련했다. 당시 회사명은 3R
소프트였다. 그러다 사명을 제품명과 같은 '크리니티'로 바꿨다.
공업고등학교를 나온 유 대표는 "전자과를 가고 싶었다. 그런데
담임 선생님이 2지망으로 쓴 화공과에 덜컥 붙었다. 나중에 알고
보니 내가 공고에 갈 수 없는 적록색약이더라(웃음). 화공과에 가
서도 전자가 좋아 혼자 라디오도 만들고 전축도 만들고 그랬다"
고 한다.
과학자가 꿈이었던 그는 대학에선 독일어를 전공했다. 인터넷
은 알 길도 없었다. 호기심이 많았던 그는 사회학도 섭렵했다. 대
학을 졸업한 후에는 안정적인 직장을 바라며 행정고시도 준비했

슈퍼 강소기업

다. 하지만 높은 경쟁률에 막혀 뜻을 이루지 못했다. 그러다 LG CNS에 통합된 금성소프트웨어의 SE(Software Engineering) 과정을 수료하고 c언어 1세대로 입사하게 됐다. 덕분에 빨리 인터넷과 첫 인연을 맺은 것이다. 그때부터 유 대표는 소프트웨어 엔지니어의 길을 걷기 시작했다. 배우는 재미도 쏠쏠했다.

금성소프트웨어에는 89년부터 94년까지 다녔다. 이후 대기업을 나와 받은 수백만 원의 퇴직금으로 지인들과 술잔을 기울이던 시절이 있었다. 이후 증권시장에 상장할 만큼 성장했던 가산전자에 입사했지만, IMF 외환위기를 만나면서 그의 인생은 큰 전환점을 맞이했다. 유 대표 자신에겐 직장인에서 사업가로 탈바꿈한 기회가 되기도 했으니 어쩌면 잘된 일인지도 모른다.

■ 웹메일, 팀을 움직이는 강력한 도구

회사를 차리고 시작한 첫 아이템은 웹메일 사업이었다.

"가산전자 자회사 캐스트 메일 시절에는 이메일 뉴스 발송이 사업 모델이었습니다. 그러나 웹메일이 더 사업성이 있다고 판단했죠. 당시 인터넷 사용 인구는 고작 50만 명이 되질 않았어요. 그런데 1

대의 PC에서 이메일 ID를 입력하면 여러 명이 사용할 수 있는 획기적인 웹메일 기술이 시장에 등장했습니다. 이런 솔루션을 판매하면 충분히 승산이 있겠다고 생각했죠."

마치 골드러시 시대처럼, 직접 금을 캐느냐 아니면 금을 캐는 도구를 파느냐를 고민하다 도구를 판매하기로 마음먹은 것이다. 게다가 인터넷 초창기였던 당시에는 통신 회선 가격이 너무 비싸 직접 서비스 사업을 시작할 엄두를 감히 낼 수 없었다.

1998년 당시 인터넷 시장은 이제 막 태동기에 접어들었던 시기였다. 웹메일이라는 콘셉트를 선택한 것은 운이 좋았다. 마침 김대중 정부에서 '1인 1 이메일 갖기 운동'을 시작했고, 각 지자체에서 시민들에게 이메일 계정을 제공하기 시작했다. 포털서비스 회사까지 생기면서 고객 유치를 위해 이메일 계정을 필수 서비스로 인식하게 됐다. 크리니티는 이런 시장의 변화를 놓치지 않고 솔루션 판매를 시작했고, 기업과 공공기관에서도 이메일의 필요성을 인식하면서 시장이 점차 확대됐다.

메일의 스팸차단 기능도 크리니티가 가장 먼저 서비스했다. 시장에서 기술력을 인정받으며 50억 원 규모의 투자금도 유치했다. 달리는 말에 채찍질을 할 수 있었다.

■▓ 글로벌 진출, 쓴맛의 교훈

국내에서 발판을 다지며 유 대표는 자연스럽게 해외 시장에 주목했다. 애초부터 해외로 나가자고 마음먹고 있었기도 했다. 미국 산호세에 법인부터 만들었다. 70~80여 명의 직원 중 무려 5~8명 정도를 산호세에 파견했다. 일본과 중국에도 법인을 설립했다. 하지만 해외 진출은 얼마 후 고통으로 다가왔다. 어떻게 해야 하는지 제대로 알지 못하고 시작한 것이 화근이었다.

기술적 검토가 부족했고 해외 법인을 이끌어갈 수 있는 기업문화에 대한 이해도도 낮았다. 유 대표 역시 해외 사업을 위해 한 달의 절반 정도를 현지에 머물다 보니 국내 사업을 소홀히 할 수밖에 없었다. 결국 큰 손실을 봐야 했다.

"충분한 준비 없이 진출한 것이 문제였습니다. 시장의 타이밍을 보질 못했죠. 영문판 '메일스튜디오2000'이라는 프로그램이 대표적이었는데, 불안정성을 해결하지 못했죠. 각 나라의 IT 환경 특성을 제대로 파악하지 못했고, 브라우저 간 차이도 간과했습니다. 그렇게 5년을 해외에서 허비하고 말았어요."

사업은 타이밍이다. 그래야 돈도 번다. 지금 생각해 보면 해외

"한국 소프트웨어의 세계화는
이제 거스를 수 없는 흐름입니다.
우리는 'Korea Born to Global'이란
비전으로 첫발을 내디뎠죠.
그렇다고 서두르진 않을 겁니다.
실패를 경험한 만큼 돌다리를 더 많이
두드려볼 생각이에요."

에 너무 빨리 진출했다. 시장을 리드하는 것이 중요한데, 먼저 나
갔다고 주도한 것도 아니었다. 빠르게 변화하는 IT 환경에 적응하
는 것도 실패했다. 유 대표는 해외에서 그렇게 쓴맛을 봤다. 해외
에 나갔다 실패한 경험은 자양분이 됐다. 10년이 훌쩍 넘는 시간
을 까먹었지만 쌓인 내공도 적지 않았다.

"2년째 해외 사업을 준비하고 있습니다. 우리나라 소프트웨어가
해외로 나아가는 것은 반드시 필요합니다. 그 일을 제가 또 해내야
한다고 생각합니다. '코리아 본 투 글로벌(Korea born to global)'입니다.
예전에 까먹은 돈도 다시 찾아야겠죠. 과거의 쓴맛을 경험했기에
이번에는 더욱 단단히 준비할 거예요."

유 대표는 한국에서 사이트를 만들고 클라우드를 운영하고 메
일과 메신저, 워크플로우를 접목한 통합 프로그램을 글로벌 경쟁
사의 3분의 1, 4분의 1 수준의 가격으로 선보이면 해외에서도 충
분히 승산이 있다고 판단하고 있다. 테스트를 위해 1~2년 정도를
더 준비할 생각도 하고 있다. 베트남, 인도네시아, 일본 등의 시장
을 검토한 결과, 첫 타깃 국가로 일본을 선정했다.

"해외 사업은 손익분기점에 도달하는 기간을 5년 정도로 생각하고

접근해야 합니다. 이번에는 단단히 준비해서 나갈 겁니다."

▪▪ 행복, 기업의 핵심 경영

유 대표는 무엇보다 대표가 먼저 행복해야 한다고 생각한다. 그리고 대표는 행복한 마음을 임직원들에게 전파해야 할 사명이 있다. 특히 대표의 행복은 누가 만들어주는 게 아니라 스스로 만들어야 한다는 게 그의 지론이다.

"행복은 스스로 마음먹기에 달려 있습니다. 사람들은 생각보다 남의 마음에 관심이 없어요. 심지어 자신조차도 자신의 마음을 잘 알지 못하죠. 그래서 기본적으로 착하게 살아야 합니다. 공정한 마음도 필요하고요. 남들에게 도움이 되는 삶을 살아야 합니다.
그리고 대표가 편안한 마음을 갖고 출근해야 임직원들도 편안합니다. 대표 마음대로만 하면 새로울 것이 전혀 없어요. 구성원의 반감도 크죠. 결국은 마음이 중요합니다. 이를 '마음챙김'이라고도 합니다. 마음을 전파하는 것이 '행복 경영'의 첫 번째예요."

유 대표는 자신을 스스로 '또라이'라고 부른다. 어렵고 힘들었

'행복 경영'을 강조하며 대표가 먼저 행복해야 한다고 말하는 유병선 대표

던 기억은 일부러 하지 않기 때문이다. 의식적으로 최대한 빨리 잊으려고 노력한다. 의사결정이 중요한 자리인 만큼 25년 넘게 회사를 경영하면서 터득한 지혜이자 자신만의 루틴이다. CEO가 가져야 할 또 다른 덕목으로 그는 '리더십'이 아닌 '리드십'을 꼽았다. 리드십이란 자기 관리 능력, 셀프 리더십을 의미한다.

"처음에는 사내 임직원들과 어울리는 것이 행복이라 생각했습니다. 하지만 그게 아니더군요. 구성원들은 자신의 일에 몰입하거나 동료와 협업하는 과정, 그리고 이미 있는 서비스와 제품을 만드는 과정에서 더 큰 성장의 행복을 얻더군요. 대표로서 제 역할은 좋은 사람들을 모으고 비전을 공유하는 것이라 생각합니다."

CEO는 기회 중심의 사고를 하는 것도 필요하다. '기회주의'와는 다르다. '기회'를 잘 엿봐야 한다는 의미다. 여기서 자신감은 매우 중요하다. 집요함도 요구된다. 대표의 생각이 늘 옳은 것은 아니다. CEO 마음대로 되는 것도 아니다.

"오늘 제가 옳다고 믿고 실천한 일이 내일이 되면 꼭 옳지만은 않을 때가 있습니다. 누구나 실수할 수 있죠. 하지만 실수했다면 그것을 인정하고 돌아 나오면 됩니다."

슈퍼 강소기업

감이 떨어지기만을 기다리는 기업이 될 것인가, 감을 따는 사람을 잘 쓰는 기업이 될 것인가, 아니면 감을 잘 따기 위해 꾸준히 고민하는 인재를 키울 것인가. 이는 모두 대표가 마음먹기에 달렸다.

유 대표는 토요일마다 산에 다닌다. 집과 가까운 관악산을 자주 간다. 등산이 목적은 아니다. 산에서 불필요한 것들을 비우고, 선택과 집중이 필요한 것들을 정리하는 시간을 갖는다. 하산 후에는 낮잠을 자거나 영화를 보며 휴식을 취한다.

■▪ 경영 철학 및 비전

'탁월한 소통 기술로 행복한 삶 세상을 만드는 데 앞장서자'라는 것이 우리의 목표다. 크리니티는 커뮤니케이션을 통해 더 좋은 세상을 만들기 위해 세 가지 동력을 설정했다.

'신뢰'가 그중 하나다. 고객 가치를 중심으로 신뢰를 저버리지 않고 자율과 책임을 기반으로 동료 간 신의를 지킨다.

'행복'은 자기 일을 통해 성장하고 성과를 내며 몰입하고, 괜찮은 동료들과 협업하며 팀워크의 즐거움을 만들어간다. 그리고 '도전'을 통해 신기술과 신시장, 새로운 고객의 문제 해결을 돕고 창의와 혁신도 계속할 수 있다.

이런 동력을 위해선 '존중 경영'이 중요하다. 회사 구성원은 직책과 직급에 상관없이 상호 협동과 배려를 통한 협력 문화를 지향한다. 여기선 개인의 강점을 강화하고 서로의 약점을 보완해 조직의 성장 역량을 공유하는 '합집합 문화'가 핵심이다.

그렇기에 유 대표는 직원들을 채용할 때 가장 염두에 두고 살펴보는 것은 다름 아닌 '공동체 정신'이다. '네가 아프면 나도 아프다'는 공감 능력을 매우 중요하게 생각한다. 다른 사람의 마음을 이해하는 능력은 갈수록 중요해진다. 사람이 좋으면 제공하는 서비스나 만드는 제품이 좋을 수밖에 없다. '신끼'가 많은 한국 사람에게는 이런 능력이 매우 중요하다. 게다가 솔선수범까지 한다면 금상첨화다.

"회사 생활은 연애나 동거와 비슷하다고 봅니다. 단순히 돈을 벌기 위해 억지로 회사에 나와 있다면 얼마나 힘들겠습니까? 회사는 무엇보다 재미가 있어야 하고, 기쁨과 행복이 있어야 합니다. 좋은 사람들과 함께 일할 때 더 빨리 성장할 수 있죠. 다행히 크리니티는 외부에서도 '좋은 인재를 빠르게 잘 키우는 회사'로 인정받고 있어 뿌듯합니다. 장기 재직자도 많다는 게 그 증거가 아닐까요? (웃음)"

슈퍼 강소기업

19

피에스디이엔지

매년 15% 이상 성장을 이룬 기업

피에스디이엔지는 자동화 장비 및 전기 엔지니어링 솔루션을 전문으로 하는 기업이다. 손창석 대표는 "지치면 지고 미치면 이긴다"는 경영 철학을 바탕으로 2011년 회사를 설립했다. 엔지니어 출신으로 영업 분야에서 두각을 나타낸 그는 학벌의 한계를 극복하고자 창업을 선택했으며, 전기설계 자동화 소프트웨어 판매부터 시작해 자동화 장비 제작까지 사업 영역을 확장했다. 코로나-19 팬데믹 시기에는 마스크 제조 설비 부품 판매로 어려움을 극복했으며, 2021년 82억 원이던 매출이 2023년 251억 원으로 성장했다. 현재는 이차전지와 수소 분야를 미래 성장 동력으로 주목하고 있으며, 5~7년 내 기업공개(IPO)를 목표로 하고 있다.

■■ 할 수 없는 일을 해낼 수 있는 회사

피에스디이엔지(PSDENG)의 경기 화성 공장 1층 입구에 들어서면 '지치면 지고 미치면 이긴다'는 글귀가 가장 먼저 들어온다. 이 문장은 손창석 대표가 가장 좋아하는 말이자, 마치 주문처럼 되뇌는 경영 철학을 담고 있다.

> "이 말은 경영 철학과도 같습니다. 경쟁력 있는 아이템을 얻기 위해서는 제품에 대해 많은 지식을 습득해야 하고 끊임없는 테스트와 노력이 필요합니다. 하지만 그 과정에서 누군가 포기하지 않고 오랫동안 도전한다면 반드시 성공할 수 있다고 믿습니다. 반대로 중간에 지쳐 포기하면 결과는 당연히 실패로 이어질 수밖에 없습니다. 그래서 우리는 할 수 없는 일을 해낼 수 있는 회사를 만들어 보자는 비전을 가지고 있습니다."

엔지니어 출신인 손 대표는 창업하기 전 회사에서 주로 기술 영업을 담당했다. 특히 영업 현장에서 그는 핑계를 대지 않고, 늘 "한번 해보겠습니다"라는 말을 입에 달고 거래처를 만났다. 이에 대해 손 대표는 다음과 같이 말한다.

"해보면 물론 불가능한 일도 있습니다. 그런데 하다 보면 안 될 것 같았던 일도 결국 되는 경우가 있죠. 중요한 건 근성을 가지고 미친 듯이 도전하는 겁니다. 그러면 안 될 일은 없더라고요. 사실 대부분 중간에 포기해서 못하는 거지, 끝까지 포기하지 않고 도전하면 반드시 해낼 수 있습니다. 실패는 해도 괜찮습니다. 포기하지만 않는다면 결과는 반드시 따라옵니다."

그래서 손 대표가 가장 존경하는 인물이자 롤모델로 삼는 사람은 현대그룹 창업주 정주영 회장이다.

"직원들이 여러 이유를 들며 안 된다고 할 때, 정주영 회장님의 '한번 해봤어'라는 말은 저에게 큰 충격과 동기부여가 되었습니다. 특히 정 회장님이 해외에서 투자를 유치하기 위해 당시 500원짜리 지폐에 인쇄된 거북선을 보여주며 '한국은 16세기에 이미 철갑선을 만들었다. 영국보다 300년 앞섰다'라며 설득했다는 일화는 불가능을 가능으로 바꾼 대표적인 사례로, 저에게 정말 큰 감동을 주었습니다."

"해보면 물론 불가능한 일도 있습니다.
그런데 하다 보면 안 될 것 같았던 일도
결국 되는 경우가 있죠.
중요한 건 근성을 가지고 미친 듯이
도전하는 겁니다.
그러면 안 될 일은 없더라고요."

손창석 대표가 2011년 피에스디이엔지를 설립한 후 지금까지 꾸준히 성장할 수 있었던 이유는 간단하다. 거래처가 원하는 것이 있으면 자신감을 가지고 시작해, 성공적으로 완수해 왔기 때문이다. 이런 자세는 그가 직원으로 직장 생활을 하던 시절에도 마찬가지였다. 특히 상대적으로 비싼 독일계 소프트웨어(SW) 라이선스를 판매할 때는 가격에 대한 부담을 뛰어넘어, 제품의 가치를 상세히 설명하며 고객을 설득하기 위해 최선을 다했다. 이런 노력이 있었기에 하나라도 더 팔 수 있었다. 말 그대로 미친 듯이 영업한 결과 그는 '영업 1등'이라는 타이틀을 거머쥐게 됐다. 하지만 이러한 성과는 단순히 개인의 성공에 그치지 않고, 그가 창업을 결심하게 된 계기로 이어졌다.

"회사에 들어가 보니 학벌 차이가 크다는 것을 실감했습니다. 영업은 '탑(top)'이었지만, 1년치 목표를 누구보다 빨리 달성해도 그 성과과 내게 100% 돌아오는 건 아니었습니다. 월급도 상대적으로 적었고요. 그렇다 보니 아무리 열심히 해도 다니던 회사에서는 (학벌의 벽 때문에) 지사장 이상의 자리에 오르기는 어렵다는 생각이 들더라고요. 그래서 아예 창업을 하자고 마음먹었죠."

■∎ 고객의 니즈를 마지막까지 성공적으로 충족

창업 초기 피에스디이엔지의 주요 아이템은 전기설계 표준화와 자동화 관련 소프트웨어 판매 및 컨설팅 등이었다.

"국내 자동화 시장에서 장비와 전기 부문의 비중은 대략 7 대 3 정 도입니다. 그렇다 보니 전기 설계가 상대적으로 소외를 당했어요. 자동화 분야에서 장비를 사람의 몸에 비유한다면, 전기는 두뇌이 자 핏줄이에요. 비중은 적어 보이지만 없어서는 안 될 중요한 분야 죠. 저는 창업을 통해 그 분야를 본격적으로 공략하고 싶었습니다."

창업 후에는 거의 원맨쇼를 펼쳤다. 소프트웨어를 판매하기 위 해 혼자 전국을 누비며, 월요일에 집을 나서 전국을 돌고 금요일 에 돌아오는 생활을 반복했다. 그는 말 그대로 미친 듯이 영업에 몰두했다. 그러면서 고객이 하나둘 늘었고, 고객들이 그에게 원하 는 것도 점차 많아졌다. 손 대표는 이러한 고객의 니즈를 끝까지 충족시키기 위해 최선을 다했다. 물론 그가 창업 초기부터 함께한 동료들의 서포트가 있었기에 가능한 일이었다. 지금도 손 대표는 일주일에 2~3일은 집에 들어가지 못할 만큼 바쁜 일정을 소화하 고 있다. 오랜 기간 쌓아온 거래처와 영업망을 관리하기 위해서라면 어쩔 수 없는 일이다.

"영업은 결국 사람의 관계에서 시작됩니다. 눈에서 멀어지면 관계도 멀어질 수밖에 없어요. 그래서 저는 늘 부지런히 사람을 만나러 다닙니다. 또 엔지니어 출신이다 보니 고객이 원하는 것을 더 잘 이해하고 효과적으로 응대할 수 있다는 점이 제 큰 장점이라고 생각합니다."

손 대표가 이끄는 피에스디이엔지는 소프트웨어 판매를 넘어 자동화 장비에 적용되는 전기 부품, 센서, 비전 시스템 등의 판매도 시작했다. 특히 2022년부터는 자동화 장비를 턴키 방식으로 제작해 납품하는 일까지 확장하며, 판매에서 제조까지 사업 영역을 점점 넓히고 있다. 이러한 성장은 경기 화성에 위치한 공장을 중심으로 이루어지고 있으며, 이곳은 피에스디이엔지의 핵심 전진기지 역할을 하고 있다.

"남들이 다루기 어려운 제어 기술을 먼저 습득하고 이를 적극적으로 홍보하며, 좋은 조건으로 경쟁력을 강화하고 있어요. 특히 남들이 한 번 시도한 프로젝트에 대해서는 어떤 경우에도 포기하지 않고 반드시 성공적으로 마무리하는 것을 원칙으로 삼고 있습니다. 이러한 노력의 결과로 지난 15년 동안 매년 15% 이상 성장해 왔어요."

2021년 당시 82억 원 수준이던 피에스디이엔지의 매출은 2022년 125억 원, 2023년 251억 원으로 꾸준히 증가했다. 같은 기간 영업이익도 2억 원에서 4억 원, 그리고 13억 원으로 크게 늘었다. 하지만 이러한 성장은 손쉽게 이루어진 것이 아니었다. 회사가 커지면서 가장 큰 과제는 점점 늘어나는 직원들을 효과적으로 관리하는 일이었다. 중소기업에서는 사장이 영업과 경영을 동시에 책임져야 하는 경우가 많아, 커지는 조직 규모를 감당하지 못하는 사례가 종종 발생한다. 손창석 대표 역시 이러한 어려움을 피해갈 수는 없었다.

"엔지니어링 회사이다 보니 신입사원을 채용해 두세 달 동안 잘 가르쳐놓으면 더 좋은 조건을 제시하는 중견기업, 대기업으로 이직하는 경우가 많았습니다. 그래서 우리는 또다시 신입을 뽑아 가르치는 일을 반복해야 했죠. 게다가 거래처와 추진했던 사업이 정치적 문제나 사회적 이슈로 인해 갑자기 중단되는 경우도 적지 않았습니다. 그럴 때는 그동안 준비했던 모든 것을 멈추고, 무작정 상황이 해결되기를 기다릴 수밖에 없었습니다."

코로나-19 팬데믹도 피에스디이엔지에 큰 영향을 미쳤다. 손창석 대표는 정전기 센서를 개발해 한 대기업에 납품하기로 돼 있었다. 이 제품을 개발하기까지는 약 3년이 걸렸다. 다행히 또 다른 대기업에서도 관심을 보이며 긍정적인 신호를 보냈다. 그러나 코로나-19 팬데믹으로 인해 모든 프로젝트가 멈춰버렸다. 회사는 납품처가 늘어날 것을 예상해 추가 인원까지 채용한 상태였지만 상황이 급변하면서 직원들은 무급 휴가를 갈 수밖에 없었다. 그럼에도 손 대표와 회사는 포기하지 않았다. 그는 '하면 된다'는 근성으로 다시 도전하며 어려운 상황을 극복하고자 노력했다.

"마침 코로나 팬데믹으로 인해 마스크 수요가 폭발적으로 증가하면서 마스크 제조 장비 시장도 호황을 맞았습니다. 그동안 신뢰를 쌓아온 중국 파트너를 통해 마스크 제조 설비에 쓰는 초음파 융착기를 수입해 판매했어요. 다행히 그 덕분에 회사를 버틸 수 있는 동력이 생겼어요. 당시 직원 절반을 내보내야 할 위기였는데, 초음파 융착기 덕분에 2020년 매출이 기대 이상으로 선전할 수 있었습니다."

이 시기에 손 대표는 자기 자신에게 물었다. '내가 무엇을 할 수 있을까. 할 수 있는 것도 많지 않은데 이것이라도 해보자'는 심정으로 새로운 도전에 나섰다. 그 결과 그는 위기를 극복하며 회사

사람에 대한 투자가 미래에 대한 투자라고 믿는 손창석 대표

가 살아남을 수 있는 발판을 마련했다.

■■ 새로운 도전

손 대표는 이차전지 분야에 큰 희망을 걸고 있다. 전 세계적으로 관련 투자가 지속적으로 증가하고 있으며, 향후 시장 전망도 매우 밝기 때문이다. 글로벌 기술 트렌드를 읽고 선점하기 위해 손 대표가 매년 빠짐없이 찾는 곳이 바로 독일 하노버에서 열리는 '하노버 산업 전시회'다. 그는 이 전시를 통해 소프트웨어와 센서 판매에 머물던 사업을 장비 제조까지 확장하겠다는 목표를 세우게 되었다. 또한 이차전지 시장의 가능성도 이곳에서 발견하며 새로운 도전을 결심하게 되었다.

"이차전지가 주목받으면서 이 제품을 생산하기 위해 수많은 자동화 장비가 필요해졌습니다. 이러한 장비에 들어가는 전기 부품과 각종 센서 등을 제조하고 납품하는 것이 우리의 목표이자 미래 먹거리입니다. 유럽, 일본, 미국 등의 제품을 판매하기도 하지만 이차전지 제조 대기업에 장비를 납품하는 1차 벤더들이 우리의 주요 고객입니다. 이차전지 시장은 꽤 오랜 기간 지속될 것으로 보입니다.

슈퍼 강소기업

전 세계적으로 관련 투자가 계속 증가하고 있기 때문이죠. 우리는 우리의 기술력으로 글로벌 기업들이 보유한 제어 기술 요구를 모두 충족시킬 수 있다고 자신하고 있습니다."

2024년 미국 대선으로 인해 이차전지 분야의 투자가 일시적으로 지연되는 등 글로벌 이슈가 발생하고 있다. 그러나 이러한 상황에서도 이차전지 제조사의 1차 벤더와 끈끈한 협업 관계를 유지하고, 자체 기술력을 고도화한다면 충분히 경쟁력을 확보할 수 있을 것으로 기대하고 있다.

"특정 산업이 뜨고 나서 영업을 시작하는 것은 이미 늦은 거예요. 평소 고객사를 많이 만나는 이유가 바로 여기에 있습니다. 앞으로 시장이 이차전지로 갈 수밖에 없다고 확신합니다. 중요한 것은 미리 준비해 놓는 거예요. 다만 원가절감이 최대 이슈인 만큼 우리는 품질을 유지하면서도 저렴하게 제품을 만드는 방법을 끊임없이 연구하고 노력할 것입니다."

그래서 중국은 손창석 대표에게 미래를 준비하는 과정에서 경쟁 국가이자 반드시 넘어야 할 산으로 여겨진다. 이에 대해 그는 이렇게 강조한다.

"중국산은 가격이 너무 싸요. 예전에는 싼 만큼 품질이 좋지 않았는데, 지금은 쓸 만한 제품이 많이 나오고 있어요. 게다가 현재 중국 경기가 좋지 않아 한국으로 밀려 들어오는 중국산 제품들이 경쟁을 더욱 치열하게 만들고 있습니다. 까다롭기로 유명한 UL인증[1]을 받는 중국 제품도 점점 늘어나고 있고요. 검사 항목만 20가지가 넘는 이 인증을 통과한 중국산 제품들이 많아지는 만큼 우리는 디테일을 가장 큰 경쟁력으로 삼고 있습니다."

손 대표는 이차전지 외에 수소 분야에도 관심을 두고 있다. 모빌리티 시장이 확대되면서 친환경 연료로 주목받고 있는 수소 시장이 충분한 성장 가능성을 가지고 있기 때문이다. 그는 향후 5~7년 내 기업공개[2]도 계획하고 있다. 기대하고 있는 산업 분야에서 시장 선점을 위한 투자뿐만 아니라, 추가적인 인력 보강을 위해서도 상장이 필요하다고 판단하고 있기 때문이다.

---

1 Underwriters Laboratories(UL), 미국의 글로벌 안전 인증 회사인 Underwriters Laboratories(UL)가 부여하는 안전 인증으로 이 인증은 제품이 미국과 캐나다의 안전 기준을 충족한다는 것을 보증하며, 전자 제품, 산업 기기, 건축 자재 등 다양한 제품군에 적용된다.

2 IPO, Initial Public Offering으로 기업이 처음으로 주식을 일반 대중에게 공개해 주식시장에 상장하는 과정을 의미. 기업이 IPO를 통해 공개 기업이 되면 일반 투자자들이 그 회사의 주식을 사고팔 수 있게 된다.

"사람에 대한 투자가 무엇보다 중요하다고 생각합니다. 현재 동종 업종 회사들의 상황이 좋지 않아 당분간은 현재 수준의 인원을 유지하며 운영하는 것이 현실적으로 맞다고 판단하고 있습니다. 하지만 어려운 시기일수록 미래를 준비하기 위해 사람에 대한 투자를 더욱 늘려야 한다고 믿습니다. 결국 고객사는 준비된 회사에 일감을 맡기기 마련이니까요."

물론 상장을 통해 얻은 성과는 임직원들과 함께 나눌 생각이다.

20

한승항만물류산업

안전을 넘어 혁신으로

한승항만물류산업은 박진기 대표가 IMF 이후 물류 회사들의 아웃소싱 흐름을 포착해 2002년 창업한 컨테이너 터미널 운영 전문기업이다. 현재 부산, 울산, 인천에서 컨테이너 터미널을 운영 중이며, 특히 부산신항 6부두는 88%의 자동화율을 달성했다. '신뢰, 도전, 창의'를 3대 정신으로 삼고 있는 한승항만물류산업은 ISO45001 인증과 2년 연속 대한민국 일자리 으뜸기업으로 선정되며 안전 경영과 고용 창출에서 두각을 나타내고 있다. 향후 3PL 진출과 빅데이터를 활용한 항만·물류의 미래 고부가가치 성장 산업화를 통해 종합 물류 기업으로의 도약을 준비하고 있다.

■■ 안전은 타협할 수 없다

컨테이너 터미널 운영 사업자에게 '안전'은 생명과 같다. 40*ft* 기준으로 컨테이너 하나의 무게만 20*t*이 넘는다. 항만 터미널에는 무거운 컨테이너를 실은 차량이 하루에도 수없이 오간다. 컨테이너를 배에 싣고 내리는 크레인은 아파트 20~30층 높이와 맞먹는다. 곳곳이 위험 요소로 가득하다. 방심하다가는 자칫 큰일이 벌어질 수 있다.

이런 이유로 항만에서는 안전을 아무리 강조해도 지나치지 않는다. 박진기 대표가 매일 아침 5시 20분 전후로 일정을 시작하는 것도 바로 안전 때문이다.

"항만은 기본적으로 365일, 24시간 운영됩니다. 사업장별로 당일 근무자가 어떤 작업을 어떤 방식으로 진행할지 매일 공유하죠. 그리고 대표인 제가 그 내용에 대해 반드시 피드백을 합니다. 전날 과음을 했더라도 이 루틴은 반드시 지킵니다."

한승항만물류산업은 2022년 2월에 컨테이너 운송 관리, 컨테이너 터미널 장비·운영 및 도급 업무에 대해 '국제공인 안전보건 경영시스템(ISO45001)' 인증을 받았다. 이는 늘 위험에 노출된 회사가 안전 경영에 집중하여, 국제 규정에 맞는 안전 관리 시스템을 체계적으로 확립하고 선진화된 안전 보건 관리 시스템을 모든 사업장에 적극 반영하고 있다는 의미다.

"항만 터미널에서는 어느 사업장보다도 안전을 강조하지 않을 수 없습니다. 아침에 핸드폰이 울리지 않기를 바라는 것도, 항만에서 사고가 나면 중대 재해로 이어질 가능성이 높기 때문이에요. 안전한 하루를 위해 매일 아침 작업을 시작하기 전 '툴 박스 미팅(Tool Box Meeting·TBM)'[1]을 빠뜨리지 않습니다. 이를 통해 직원들이 자율적으로 안전 의식 고취를 생활화할 수 있어요. 회사도 안전보건 경영 목표인 무사고 사업장으로 거듭날 수 있고요."

이와 함께 무사고 안전 캠페인과 정기 안전 보건 교육도 철저하게 한다. 직원들이 안전 배지를 상시 착용하고 일하는 것은 물론이다.

---

[1] 작업 시작 전 현장 관리자와 작업자들이 모여 당일 작업의 안전 수칙과 주의사항을 공유하는 회의. 과거 건설 현장에서 작업자들이 공구함(Tool Box) 주변에 모여 이야기를 나눈 데서 유래했다. 산업 현장의 안전사고 예방을 위한 필수적인 안전 관리 활동으로 정착되었다.

박 대표는 안전한 작업장을 만들기 위해 정부의 보조금 지원이 절실하다고 강조한다. 물론 자체적으로 안전 교육을 강화하고 있다. 작업 과정에서 충돌, 추락, 전도 등 위험 요소를 사전에 파악해 안전 감독을 강화하는 내용이 교육에 두루 포함되어 있다. 안전·보호 장비도 기업이 스스로 구입하고 있다. 그런데 여기에 보조금이 더해지면 기업의 비용 부담을 줄일 수 있고 그만큼 안전 관리에 재투자할 수 있는 여력이 생긴다. 문제가 생겼을 때 관리 감독을 하는 것도 중요하지만 사전 예방이 무엇보다 중요하기 때문이다.

■ IMF 위기가 만든 기회

박 대표는 2002년에 한승항만물류산업의 전신인 한승Y/T육운을 설립하며 본격적으로 물류 사업에 뛰어들었다. 사업을 시작하기 전에는 물류 회사인 동부익스프레스에서 근무했다. 그러다 IMF 이후 물류 회사들이 핵심 역량 외의 업무를 아웃소싱하는 흐름을 보며, 아예 관련 분야에서 창업하기로 마음을 먹었다. 마침 부산항 감만부두에 동부컨테이너터미널이 개장하면서 협력사로서 사업의 첫발을 내디딜 수 있었다.

"제가 사업 DNA를 가졌는지는 잘 모르겠습니다. 나중에 듣고 보니 제 돌잔치 때 집에 벌떼가 날아들었다고 하더군요. 어른들께서 그걸 보고 '나중에 사람을 많이 거느릴 인물'이라고 하셨다나요. (웃음)"

한승항만물류산업이 처음 시작한 사업은 컨테이너 터미널 장비 운영 도급[2]이었다. 이후 컨테이너 화물차 운송, 항만 장비 정비, 시설 관리, 냉동 컨테이너를 운영하게 되었다. 나아가 컨테이너를 옮기는 장비와 팔레트 작업 장비도 임대해 주었다. 또한 코일을 올리고 내리는 작업, 건물의 위생과 시설을 관리하는 등 항만과 관련된 다양한 분야로 사업 영역을 넓혀갔다.

창업 초기에는 태풍도 피할 수 없었다. 진짜 태풍이었다. 창업 이듬해인 2003년 당시 불어닥친 태풍 매미로 항만에 있던 거대한 크레인들이 다 쓰러지면서 박 대표는 무너지지 않기 위해 긴축 경영을 할 수밖에 없었다.

넘어진 김에 쉬어간다고 했던가. 박 대표는 위기를 기회로 바꿨다. 마침 항만도 점점 자동화가 확산되고 있었다. 그는 기회를 충분히 잡을 수 있다고 생각했다.

---

2   특정 장비의 운영, 유지·보수, 수리 등을 외부 업체에 맡기는 계약을 의미한다. 도급 사업에서는 안전과 보건 관리가 중요하다.

슈퍼 강소기업

정신없이 달려오다 보니 박 대표가 이끄는 한승항만물류산업
은 어느덧 인원 기준으로 동종 업계 10여 개 회사들과 비교해 수
위를 차지하는 규모까지 성장했다.

■■ 자동화율 88%, 항만 물류의 새 지평

한승항만물류산업은 국내 중소기업 중 최초로 항만 장비 운영부
터 컨테이너 터미널 전체 위탁 운영까지 가능한 대표적인 회사로
손꼽힌다.

항만 컨테이너 터미널은 영업을 담당하는 주관사와 실제 운영
을 맡는 운영사로 나뉜다. 부산신항 6부두의 경우 HDC현대산업
개발이 주관사를, 한승항만물류산업이 운영사를 맡고 있다. 운영
사의 핵심 역할은 컨테이너 터미널의 효율성과 생산성을 극대화
하는 것이다.

"현재 6부두의 자동화율이 88%에 달합니다. 항만 운영은 빠른 처
리 속도만큼이나 안전사고가 없는 것이 중요하죠. 우리는 처리 실
적을 기준으로 평가받고 있습니다. 항만은 수출입의 관문이자 경
제의 시작점이며 종착점입니다. 이런 중요한 현장을 지키고 있다

"안전은 물류산업의 생명이자
절대 타협할 수 없는 가치입니다.
이를 실현하기 위해서는 규제나 감독보다
직원들이 여유 있게 일할 수 있는 환경을
만드는 것이 더 중요하죠.
결국 기업의 성장도, 안전도, 미래도
모두 사람에서 시작된다고 믿습니다."

는 것이 자부심입니다.

한승항만물류산업은 부산(BCT)을 비롯해 울산(UNCT), 인천(CNCT)에서도 컨테이너 터미널을 운영하고 있다. 특히 부산 6부두는 컨테이너선 등 선박이 우측으로 바로 정박할 수 있는 최적의 위치에 자리를 잡고 있다.

박 대표는 '고객의 서플라이 체인(supply chain) 가치를 창출하는 신뢰받는 물류 전문기업'을 꿈꾸고 있다. 이를 실현하기 위해 회사는 국제 물류와 신항 물류센터 확보, 3PL[3] 진출, 하역업 진출 등을 신규 전략 사업으로 삼고 있다. 박 대표는 부산신항 인근 진해신항 개발이 새로운 성장 기회가 될 것으로 전망한다.

빅데이터를 활용해 항만·물류를 미래 고부가가치 산업으로 발전시키는 한편, 3PL 사업 확대를 통해 종합 물류기업으로 도약해 나갈 한승한망물류산업의 미래가 기대된다.

---

3   Third Party Logistics, 제3자 물류를 의미하며, 물류 기능을 전문업체에 위탁하
     는 방식.

■■ '넉넉한 인력'의 비밀

박 대표가 이끄는 한승항만물류산업의 경영 목표는 '좋은 기업 (Excellent Company)'을 만드는 것이다. 그가 말하는 '좋은 기업'이란 우량 기업이자 직원들에게 좋은 직장이며, 사회적으로 신뢰받는 회사를 의미한다.

박 대표는 "우리 회사보다 좋은 곳은 얼마든지 많다. 회사에 들어오는 직원들도 이를 충분히 알고 있다. 하지만 회사에 와서 인연이 됐으면 근심 걱정 없이 웃으면서 다니는 직장을 만들고 싶다. 좋은 인연이 좋은 회사를 만든다고 생각한다. 그러려면 서로 신뢰가 있어야 한다. 또 우리 회사에서 일하다 더 좋은 곳으로 갈 땐 기꺼이 박수 치며 보낼 수 있는 분위기도 중요한 것 같다"고 말했다.

이러한 신뢰는 직원들의 이직률을 낮추고 오래 다닐 수 있는 구조를 만드는 바탕이 된다.

"퇴직할 나이가 된 직원이라도 본인이 원하면 계속 일할 수 있도록 회사는 언제든 받아들일 준비가 되어 있습니다. 실제로 구성원 중에서는 정년이 훌쩍 지난 60대, 70대도 있어요. 기능직 인력은 더욱 탄력적으로 운영하고 있습니다."

슈퍼 강소기업

한승항만물류산업은 대기업 수준의 근로 조건과 복지를 갖추기 위해 노력하고 있다. 일반적으로 잉여 인력은 비용과 직결되지만, 박 대표는 출산 휴가나 육아 휴직 등으로 업무 공백이 생길 때를 대비해 여유 인력을 확보하는 것도 고민하고 있다.

"인력이 부족하면 남은 직원들의 노동 강도가 높아져 안전사고로 이어질 수 있습니다. 우리 업무는 안전을 아무리 강조해도 지나치지 않아요. 인원을 추가로 채용해 인력을 좀 더 여유롭게 운영하려고 합니다. 임직원들의 행복도를 높일 수 있고, 사고 등 불미스러운 일도 크게 줄일 수 있을 것으로 기대하고 있어요."

박 대표는 회사의 '3대 정신'으로 신뢰, 도전, 창의를, '3대 자세'로는 고객가치 최우선, 솔선수범 자기 관리, 노력하는 자세를 내세웠다. 또한 ESG 경영은 모든 기업이 풀어야 할 숙제이자 지향하는 바다. 박 대표는 고용을 통해 ESG 경영의 해법을 찾고 있다.

부산과 경남, 창원 지역은 신항터미널 배후 부지와 가깝다. 한승항만물류산업은 사업장 인근 지역의 인원을 채용해 지역 고용 안정에도 기여하고 있다. 한국해양대학교(산학협력 가족회사 협약), 동명대학교(인력양성 취업 MOU 체결), 부산항만물류고등학교(산학협력 채용 협약)와 손잡고 전문 인력 채용과 고용 창출이라는 두 마리 토끼를 잡고 있다. 아울러 학력, 성별, 연령 제한과 차별없이 채용하는 고용평등기업도 지향하고 있다.

한승항만물류산업은 특히 2023년과 올해 연속으로 '대한민국 일자리 으뜸기업'에 이름을 올려 대통령 표창을 받았다. 관련 업계에서 2년 연속 수상은 상당히 이례적인 일이다.

■■ '감사'를 말하는 CEO

"감사합니다."

이는 박 대표가 매일 입버릇처럼 되내이는 말이다. 그는 하루에 다섯 가지씩 감사한 일을 떠올리는 것을 습관으로 삼고 있다.

"나뿐만 아니라 회사 구성원 모두가 행복해야 진정한 행복 경영이죠. 제가 감사하는 마음을 가지면 주변 사람들도 같은 마음을 갖게 됩니다. 살아있다는 것만으로도 감사하고, 행복하니까 또 감사할 수밖에 없습니다."

박 대표의 종교는 불교다. 건강과 수련을 위해 108배를 한다.

컨디션이 좋지 않을 땐 절반인 54배를 하며 마음을 다잡는다. 그러면서 또 감사함을 생각한다.

"걸으면서 생각하는 것을 즐깁니다. 하루 1만 보 이상을 걷는 것이 목표죠. CEO는 자신을 사랑할 줄 알아야 합니다. 자기 관리도 중요하니까요. 운동이든 공부든 모든 것은 마음먹기에 달려 있습니다. 그래서 전날 과음했더라도, 매일 아침 5시 10분에 일어나 일과 보고를 듣고 피드백을 주는 일은 절대 거르지 않습니다."

현재 박 대표는 중소기업융합중앙회[4] 부산연합 회장직도 맡고 있다. 전국에 13개 지역연합회를 두고 있으며, 8000여 개 기업이 회원으로 활동하고 있다. 그가 이끄는 부산연합회는 약 500개의 회원사로 구성되어 있다.

"정부 지원이 신재생 에너지에만 지나치게 집중되어 있어 물류 산업은 소외되고 있습니다. 물류는 산업의 동맥과도 같은데 말이죠.

---

4   다양한 업종의 중소기업들이 모여 정보와 기술, 인적 교류를 통해 기업의 역량과 경쟁력을 강화하고, 상호 기술과 서비스를 융합하여 신사업을 창출하는 중앙 조직이다.

수많은 위기를 기회로 바꿔온 박진기 대표

산업 발전을 위해서는 외국계 기업이나 국내 자본 유치 시 세제 혜택이 필요합니다. 그래야 산업이 성장할 수 있습니다."

물류에서 안전은 매우 중요하다. 많은 기업이 자체적으로, 또 체계적으로 안전 교육을 실시하고 있지만 영세한 기업은 부담이 크다. 정부가 안전 관련 보조금을 지원해야 사고를 효과적으로 예방할 수 있다.

슈퍼 강소기업

작지만 살아남은 강한 기업의 성장 비법

초판 1쇄 발행 2024년 12월 13일

지은이	김승호, 김형수, 이정선
총괄	이의근, 김형관
기획	이나경
편집	유인옥
디자인	박은정
마케팅	최보갑

펴낸곳	㈜휴넷
펴낸이	조영탁

주소	서울특별시 구로구 디지털로26길 5, 에이스하이엔드타워 1차
전화	02-6220-2595
이메일	happyceo@hunet.co.kr

ISBN 979-11-92815-12-1 03320